星 幸広
千葉大学大学院講師　元千葉南警察署長

子育ての鉄則

道を誤らせないために

大修館書店

子育ての鉄則 もくじ

そこをクリック…
暴力
ポルノ
違法ドラッグ
犯罪

1

はじめに

「危機管理」としての子育て

元警察官がなぜ「子育て」なのか——忘れられないある事件

はじめに私がどうして子育てに強い関心をもつようになったのかをお話ししましょう。直接のきっかけは今から十数年前に関わったある事件です。

私は長いこと警察に勤務していました。警察では、子どもの犯罪を数多く扱いますが、なかでも少年問題を専門に担当するセクションを少年課といいます。

私がその少年課の課長を務めていた時に事件は起こりました。千葉市内の中学生による少女売春を摘発したのです。中学生八〇人、高校生が五、六人に、なんと二人の小学生が入っておりました。この事件は結構大きく新聞にも報道されました。

この少女売春が明らかになったきっかけは、補導された子どもの母親が、子ども部屋を掃除している時に、その子の日記を見たことでした。日記の中に「三万円入金」などと、ところどころに記入されているのを見て、おかしいと思ったそうです。入金された後に、立派な財布などを買った形跡もあったと言います。

娘は財布について「本物みたいでしょ、輸入品の偽物だけれど」と言ってごまかしていたそうですが、子どもの様子に納得できず、半信半疑だった母親が警察に相談したわけです。

その子の関連人物から判明した、あるマンションの張り込みをしてみると、夕方になると女子中学生が五、六人たむろして一定の部屋に集まることや、その部屋で制服から普段着に着替えて化粧をしていることなどが分かりました。さらに調べを進めた結果、その部屋は一二〇名ほどの男性会員を擁した、少女売春クラブであるという全貌が明らかになったので、我々警察が踏み込み、名簿などを押収して大人を検挙したのです。

きわめて嫌な事件でしたが、その後の処理がさらに難しかったのです。ほとんどの親はまさか自分の子どもがそのような事件に関係しているとは思ってもみないわけですから、この事実を親にどのような方法で知らせるかという問題に突き当たりました。

この子どもたちの今後の人生も傷つけたくないし、親と子の関係も壊したくないし、これは本当に迷いました。教えないわけにはいかない、でも教えたら親はショックを受けないはずはない。結局まず、母親に知らせました。その上で、それを父親に知らせるかどうか、知らせるとしたらどのように知らせるかは、母親に任せることにしたのです。最初から両親を呼んだりすると、ことが相当荒っぽくなると判断したのです。母親もでしょうけど、父親はものすごいショックを受けるでしょうから。

客として登録していた大人は一二〇人いました。どういう顔をして家族に接しているのだろうか。家へ帰れば、自分にも同じ年ごろの娘がいる人も大勢おりました。どういう顔をして家族に接しているのだろうか。本当に恐ろしい世の中だと、つくづく考えさせられました。

さらに取り調べると、あるゴルフコンペでは、女子中学生をコンペの賞品に出したりしていたのです。正直言って、信じられなかったですね。

これも巨悪の中のほんのひと握りかもしれない。「星さん、世の中こんなことはどこにでもあるよ」と言う同僚もいました。

でも、私にはやっぱり許せなかったのです。

その気持ちは犯人たちに対してばかりではありません。子どもを迎えにくるお母さん方に対しても複雑な思いを隠しきれませんでした。どうしてお母さん方は子どもの変化にもっと早く気付いてくれなかったのか。子どもも部屋に掃除に入ったお母さんが偶然娘の日記を見るまで、誰も自分の子どもが外で何をしているのかまったく気付かなかったのです。

やりきれない気持ちを抱えながら、私はこの事件で、一般に「少年問題」と言われるものの根の深さを目の当たりにしたような気がしました。これは、むしろ大人の問題、親の問題ではないだろうかと。

そしてこの事件の後ずっと、どうしたらあのような事件が起こらないようにできるのかを考え続けたのです。

少年犯罪の場合、たんに犯罪を起こした少年を処罰すればよいというものではありません。「少年は必ず立ち直れる」ということを前提にして、少年の

将来に目を向けた更正プログラムを組む必要があるのです。

そのために警察は、子どもの事件の場合は、親の子育ての内容に着目して、時間をかけて多角的に子どもと両親から話を聞き、膨大な資料を集めるのです。

子どもが普段の生活の中で、お父さんとお母さんにどういうふうにされたことが嬉しかったか、または悲しかったか、十数年の過去までさかのぼりながらいろいろな話を聞き、親と子どもの話を照合して、この子にはどういう処方箋を書けばいいのかという作業を積み上げていくのです。特に少年課の警察官は大勢のそういう子どもに接し、話を聞きながら子どもの将来を見据えたプログラムを仕上げていきます。

私も長い警察官生活の中で、道を踏み外した子ども、そしてその子を育てた親とたくさん接してきました。自信を持って宝物のように育てた我が子が、警察の留置場に入れられた姿を見たお母さんのショックはどれほどのものか、想像に難くありません。へなへなと座り込んでしまう様を何度も見てきました。そういうお母さんの話も、道を踏み外した子どもの話もいっぱい聞きました。話を聞くと、一緒に住んでいるのに気持ちはすれ違い、かみ合っていないことや、お母さんが子どものために良かれと思ってしたことが、子どものためになっていないことなど、犯罪を行う以前に、家庭でもさまざまな問題を抱えていたことが分かってきます。

こうした仕事を通じて、どのように育てられた子どもが、犯罪を行うに至るのか、ある傾向が見えてくるようになりました。

それを踏まえて、「犯罪を行わない子どもを育てるにはどうすればよいのか」「子どもが犯罪に巻き込まれないようにするにはどうすればよいのか」を考え続けて、最終的に行き着いたのが、「子育て・しつけ」の重要性なのです。

しくじった子育てのツケ

おそらくお母さん方には、つい最近までよちよち歩きだったかわいい我が子が犯罪を行うなんて想像もできないでしょう。当然です。ましてや万が一、子どもが犯罪を行ったような場合、親はどのような社会的制裁を受け、またどのような責任を負うことになるのかは、ほとんどご存じないと思います。事件が発生したときには、新聞、テレビ、週刊誌などが大々的に報じますが、事件の後、犯人の親や家族がどうなったかということは、よほどのことがない限り報道されません。まれに身近で事件が起きた時に、「あの事件以来、門扉は閉じたままで家族の姿は見たことがない。どこか遠くへ引っ越したらしい」「父親も姉も職場にいられず退職したそうだ」「親戚も誰も寄りつかないようだ」などと町の噂で知る程度でしょう。一般的に事件関係者の「その後」について知る機会は少ないのです。子どもが犯罪を行った事例と、その後親に降りかかる負担の事例をご紹介しましょう。もしこれが自分の子どもだったら、と想像しながら読んでみてください。

〈事例①　親が殺されたケース〉

平成二一年一月八日、千葉県市川市のアパートで一七歳の定時制高校一年生の男子生徒が包丁で五四歳の父親を刺し殺す事件がありました。

殺された父親は、八年前に離婚し、子どもと二人暮らしでした。この子どもは中一のとき出席は五割程度、中二で不登校、中三で出席は三〇日、そして事件当時はひきこもり中でした。

　この二日後の一月一〇日、埼玉県狭山市でも同じように一七歳の高校一年生の男子生徒が五七歳の父親を刺すという事件が発生しました。この子も高校に入ったものの、学校になじめずひきこもりの状態でした。

　このように子どもが親を刺す、刺し殺すという事件は全国的に毎年発生しています。いずれも幼稚園のころまでは、何をするにも親を当てにし、少しでも親の姿が見えないとベソをかいていた子どもが、わずか一〇年そこそこで親を殺してしまったのです。この間、親と子に何があったのでしょうか。

〈事例②　他人を殺してしまったケース〉

　平成二〇年三月二五日深夜、JR岡山駅のホームで電車待ちをしていた男性を後ろから突き落として死亡させたとして、大阪府大東市の一八歳の少年が逮捕されました。この事件では少年の両親は謝罪会見を行いました。会見の途中、母親は泣き崩れて立ち上がれないようでした。これが親の責任というものでしょうか。

　さらに六月八日には東京・秋葉原で二五歳の青年が二トントラックで、歩行者天国に突っ込み、七人を殺害し、一〇人に重軽傷を負わせるという事件が発生しました。

この事件も犯人の両親はテレビで謝罪会見を行いました。本人は二五歳になっており、法的には大人です。それでもこうして親が謝罪会見をするということは、子どもに対する親の責任というものはいつまでも続くということなのでしょう。

〈事例③　親にかかる負担の実際〉

謝罪会見だけではすまされないケースも出てきています。金銭的な負担を強いられるのです。

平成一一年愛知県西尾市の高校二年生の女子生徒が当時一七歳の少年に刺殺されたストーカー事件を巡り、女子生徒の両親が、加害者の男（二〇歳・服役中）とその両親に一億円の損害賠償を求めた訴訟の判決で、名古屋地裁岡崎支部は四日、原告の主張を認め、加害者側に約八千九百万円の支払いを命じました。判決は、予兆を見逃した加害者の両親の責任を厳しく問う内容となっておりました。（平成一五年二月五日「読売新聞」より）

もう一つ、千葉県茂原市の「女子高生殺害事件」を見てみましょう。

平成一六年、東金市内の廃業したホテルの建物内で、茂原市の定時制高校二年の女

子生徒（当時一七歳）が少年三人を含む男五人に殺害された事件を巡り、女子生徒の両親が、主犯格を含む加害者三人と、このうち兄弟で犯行に加わった二人の父親、さらに拘置中に自殺した少年の両親の計六人を相手取り、慰謝料など約一億七千万円の支払いを求めた民事訴訟の判決が千葉地裁で下されました。

裁判長は「一七歳の若さで生命を絶たれた無念さは察するに余りある」として、六人に計約一億五千五百万円の支払いを命じました。（平成一八年一〇月二七日「読売新聞」より）

殺人事件の被害者遺族の「何の罪もないのに最愛の家族が奪われた」ことへの怒り、「二度と帰らない楽しい娘（息子）との日々」への深い悲しみ、これは筆舌に尽くしがたいものがあるでしょう。

一方で加害者の親も不幸です。「あなたが育てた子どもが罪を犯したのだから、当然の報いだ」と言われればそれまでですが、「職を失った」「一家離散した」「地域社会から村八分にされた」など、それだけでも十分社会的制裁を受けているのに、これらの事例のように何千万円、何億円もの償いをしなければならないとなると、気が遠くなってしまうことでしょう。

このように犯罪とは、周囲のすべての人を不幸にするものなのです。子どもが犯罪に走らないように、親は最大の関心を払わなければならないことがご理解いただけたと思います。また、子育てをしくじると、そのツケはとてつもなく高くつく、ということも。

「危機管理」としての子育て

こうした不幸を生まないためには、子どもの頃からしっかりと、しつけを行うことが必要なのです。分かりやすくするために、私の現在の専門である「危機管理」の観点からご説明しましょう。

現在私は大学で「学校危機管理」の講義を担当しています。「危機管理」という言葉を聞いてなんだか堅苦しい、子育てとは関係ないのでは、とお思いの方もいらっしゃることでしょう。元々は「リスクマネージメント」の訳語で、国家や企業などが不測の事態（危機）に備えるための仕組みのことですが、この考え方は子育てにも大変役に立つのです。

子育てに当てはめてみると、子どもが非行に走ったり、犯罪に巻き込まれたりすること（＝家庭の危機）に備えるための「しつけ」（＝管理）の仕方、ということになります。

子育てを「管理」ととらえることには抵抗があるかも知れません。しかし子育てをする親にはそうした冷静さが必要なのです。かわいがるにしても、叱るにしてもそれは子どもをマネージメントする方法の一つなのです。

管理という言い方に抵抗がある方は、たとえば学生時代の運動部のマネージャーを思い浮かべてみてください。選手がその力を十分に発揮できるよう縁の下の力持ちとなって叱咤激励し、スケジュールや体調を管理するのがマネージャーの仕事です。同じように、自分の子どもの個性や能力を十分に引き出せるようサポートし、人の道に外れた行いをしないような人間に育つよう見守り、実社会へと送り出すのが親のつとめです。

後で詳しくご説明しますが、子育てにおいて愛情が基本なのは当然のこととして、しかし愛情に溺れず、どこかで冷静に距離をおいて子どもに接するのが親の役目なのです。逆に叱るときも、本気で叱りながらも、怒りをぶつけてはいけません。あくまで親という役割の必要性からそうしているのです。そのことを忘れないためにも「危機管理」という考え方を覚えておくことは有効だと思います。

時代が変わっても「鉄則」は変わらない

私は大学の講師のかたわら、千葉市内の幼稚園の理事長をつとめておりますので、そうしたつながりから、各地の幼稚園や小・中学校で講演を行うことが多いのです。そこで知り合ったお母さん方から、実にさまざまな相談が寄せられます。みなさんそれぞれに悩みをお持ちになっていて、自分の育て方は正しいのか、間違った育て方をしていないかと、いつも疑問を抱えて、あっちに突き当たりこっちに迷ったりなさっている方がほとんどのようです。

そうした現状を受けてか、書店に行きますと子育ての本や雑誌が溢れんばかりに並んでいます。そうした本を読んで参考にするのはよいことですが、気を付けていただきたいのは、あまりに多くの、細かな情報は、かえって子育ての悩みを増やしてしまうということです。

お母さん方に多いのは、知識としてはむしろ私などよりも多くの情報を持っていながら、しかし実際にやっていることを聞くと、必ずしもそうした知識が生かされていないということです。知っていることと、それを実行することとはまったく違うのです。そのことに気付かずに情報に振り回されていないでしょうか。

書店に並ぶたくさんの育児書を見ていると、私はダイエット本を思い浮かべてしまいます。こちらも子育て以上にたくさんの情報が氾濫していることはみなさんもご存じでしょう。でも、流行りのダイエット法でうまくいったという人にはあまりお目にかかりません。一時的にうまくいったとしても、長続きせずに元に戻ってしまう人が多いのです。むしろ、成功しているのは、摂取カロリーを抑えて、適度な運動を行い、規則正しい生活をする、という誰でも知っている単純な方法を実行できた人ではないでしょうか。

子育ても同様です。時代が変わっても、押さえるべきポイント＝「子育ての鉄則」は変わりません。私の長年の経験から確信をもって言えることです。

ですから、これから私が申し上げることは、とてつもなく難しいことでも、特別な知識や技術を身に付けた人でなければできないことでもありません。やろうと思えば誰にでもできることなのです。一昔前には、どこの家庭でもごく当たり前に行われていたことばかりです。

また、「鉄則」とは言っても、私が申し上げることが唯一無二の正しい子育てというわけではありません。子育てというのは、家庭の数だけのスタイルがあり、さらに子どもの数だけの育て方があるのです。例えば「お兄ちゃんの時はこうだったから、弟もこうだ」と考えるのは子育てでは間違いです。同じ両親から生まれ、同じ愛情を注いで育てられたのに、まったく違ったタイプに育ってしまった例はいくらでもあります。

「子育てに正解なし」とはよく言ったもので、子どもの育て方については、こうやったら良い子に育つという妙薬はありませんし、私の多年の経験から考えて、子どもの育て方について絶対にこうすべきだというマニュアルはないと思います。

それでもあえて「鉄則」と言いますのは、それぞれの子どもの育て方の共通点として、最大公約数的に言えることはあると考えるからです。少なくとも子どもが犯罪に巻き込まれたり、犯罪を行ったりするのを予防するために、ここだけは押さえて欲しいポイントというのは、長年多くの少年犯罪に関わった経験からはっきりしているからなのです。

これまで相談を受けてきたお母さんの中には、私が「あなたのお子さんは、こういうふうに育てたから、こういう子になったんだ」と話しても、「私の子育てのどこが悪い」と反論なさる方も少なからずいらっしゃいました。「自信をもって育ててきた私の子育てのどこに文句があるの」と反発したい気持ちは分かりますが、そうした姿勢がそもそも問題なのです。子育ての方法に絶対というものは考えられません。子育てに自信があるから他の人の意見を聞かないのでしょうが、それは子育てにおいてはとても危険です。これも後で申し上げますが、子育てにおいては、まずは謙虚に人の話を聞くこと、いろいろな人の話を聞いて、その中から自分の子どもに合ったものを試行錯誤しながら探り当てていくという姿勢が大切なのです。

ですから、私のことを身近な相談相手のひとりだと思って、これからお話しすることに耳を傾けていただければと思います。

では、お母さん方から一番ご相談の多い、「子どものほめ方、叱り方」から始めましょう。

2

子どものほめ方、叱り方の「鉄則」

かわいがることと溺愛は大違い

子どもは、慈しみ、かわいがらなければいけないものです。かわいがられたことのない子は、どんなことをしても良い子に育ちません。しかしまた、子育てや子どものしつけにとって、「溺愛」ほど有害なものはありません。かわいがることと溺愛とはまったく違うことだということを、よくよく考えないといけません。

子どもに甘く、子どもの要求をやたらに受け入れる親は、理解のある親だと思われたいのでしょうが、とんでもないことです。子どもが「お腹が空いた」と言えば、「はい、おやつ」。最近の子どもは、年がら年中至る所で、まるでニワトリのように何かをついばんでいるように見受けられます。

しかし、「お腹が空いた」と言えば間食させ、転んだら手を貸して起こしてやるといった子育ては避けるべきです。自分で転んだのだから、自分で立ち上がらせることです。わざわざ突き飛ばして転ばすことはありませんが、転んだ時は自分で立つとい

うことを学ばせることはとても大事なことです。それが「しつけ」であり「教育」なのです。

「溺愛」だけで「しつけ」のない親があまりにも多い。過保護、過干渉が最もいけないのです。子育てというのは息の長いとても大事な事業です。お母さん方は今、まさにその大きな事業に取り組んでいるのです。まずは感情のままに溺愛しては絶対に駄目だという点をご理解いただきたいのです。

先日、子ども連れの友人と会ったときの会話です。

「おお、かわいい子ちゃんね、何歳？」

「ゆっ君、五つになるの」

答えたのはお母さん。こんな時でも、相手は子どもに聞いているのですから、やはり子どもに答えさせるべきでしょう。このように母親が全部先回りしてやってしまうと、何かに耐えたり、我慢したりする、生きていく上で大切な力が子どもの身につかないのです。昨今、子どもだけではなくそういう大人が増えているようですが、子どもの頃にきちんとしつけられていないからだと思います。

最近のキレる世代の大人は、子どもの時から甘やかされて育った結果、そのままキレる大人になってしまったのです。子どもが初めて社会生活に必要な事柄を学習する場所が幼稚園ですが、王様のように家庭で育てられた子どもは、幼稚園に来ても自分のことを自分でやろうとしません。できないことがあると誰かが助けてくれるのを待っている、そして自分で努力しない子になっていってしまうのです。

子どもがキレてわめくと「ああ、分かった、ママがやってあげるからね」と助けてしまう。すると子どもは駄々をこねれば何でも通るということを覚えてしまうのです。そんな子に育っていくのが最も恐ろしい。やがて親にとっていちばん苦労する子になってしまうのです。

当たり前のことが難しい

私が鉄道警察隊長をしていたとき、こんなことがありました。

当時、いわゆる「キセル」と称する高校生の不正乗車が非常に多かったので、その取り締まりを行いました。隊員が私服で張り込んで、キセルをした高校生を捕まえてくるわけです。捕まえて処理が終わって親に連絡すると、ほとんど母親が迎えに来ます。迎えが来るまでの間に隊員が「世の中にはやって良いこととやってはいけないことがある。いくら大勢の人がやっているからといっても、鉄道会社は人を運んで、お金をいただいて成り立っている会社だ。乗った人は金を払うのが当たり前なんだ。それが世の中の決まりなんだよ」と教え諭すと、本人は深々と首を垂れて聞いております。そこにお母さんが迎えに来るのですが、ガラッと戸を開けて、まず第一声、

「○○ちゃん、何であなたはこんな所にいるのよ。みんなと同じことやって、何であなただけこんな所にいるの？」

驚いたことに、こう言うお母さんが何人かいたのです。

不正乗車というのは、刑法でいうところの詐欺罪です。懲役刑まである犯罪なのです。なのに、他の子と同じことをやったのに、うちの子だけ捕まえたと警察を責めているのです。とんでもない話です。罪を犯しているのに「みんながしているからよい」などという理屈は通りません。法律を守るということを親が教えないでどうしますか。

もちろん警察にきて「本当に申し訳ありません」と詫びる親の方が多いのですが、こんなふうに、子どもに対して意見をするでもなく、腹立ちまぎれに捕まえた警察に反抗的な態度を見せる人もいるのです。その上「お母さん、ここにハンコをお願いします」と頼むと、押しはしますが、憮然とした表情で子どもを連れて出ていく。扉の外で「ねえ、あんなところにいてお腹空いたでしょ。今晩何食べる？」と、さっそく子どもの機嫌をとっているお母さんもいました。

親として「悪いことはやってはいけないんだ」と、どうして教えないのでしょう。頭では分かっていても、自分の子どもには甘い接し方をしている親がまだまだ多いように思うのです。

子どものほめ方、叱り方といっても、基本は至ってシンプルで、一般社会の仕組みと同じなのです。人助けなどをすれば、感謝状なり表彰状をもらえる、犯罪を行えば、世の中から排除されて刑務所に入る。最悪の場合には死刑になる。これと同じように、良いことをしたらほめる、悪いことをしたら叱るということが子どものほめ方、叱り方の基本です。

そんなこと当たり前じゃないか、と言う声が聞こえてきそうですが、その通り。当たり前のこととみなさん頭では分かっている。でも、振り返ってみてください。この当たり前のことをきちんと実行していると自信を持って言えるでしょうか。当たり前のことこそ難しいものです。

叱ることを恐れない

多くのお母さんにいろいろ話を聞いてみると、朝から晩まで叱っている自分は、叱りすぎではないかと悩んでいる方が少なくありません。私はそれを見ていたわけではありませんから、「お母さん、それは叱り過ぎですよ」とか「それくらいで良いですよ」と一概に言うことはできません。

しかし、一つ言えることは「叱る」ということをあまり恐れることはない、ということです。叱り方さえ間違えなければ、子どもは親から離れることはありません。

最近まるで腫れ物に触るかのように子どもに接しているお母さんがいます。これが一番よくないと私は常々申しております。必要以上に子どもの機嫌をとってはいけないのです。

私が自動車学校の校長をしていたときの話です。

その学校は、卒業検定試験（卒験）が終わっても卒業式に出ない人には卒業証書を出さないのが決まりで、そのことは入学式の時から言ってあるのですが、ある時、生徒の母親から「うちの子は用事があって卒業式に出ることができないが、卒業証書をくれ」という電話がありました。担当者との間で「決まりがあるので、難しい」などとやり取りをしているうちに、「うちの娘は、用事ができて友達と出かけることになった。卒験に受かっているのに、何で卒業証書をくれないのか。それくらい融通を利かせてもよいと思うが」と、語気を強めてきました。それでも学校の決まりだと断りますと「そんなことを言う校長ならば、うちにあと二人娘がいるがあなたの学校には入れません」と、まるで駄々っ子です。私は「世の中には決まりがある。説教するつもりはないが、お嬢さんは高校の卒業式も終わって、就職も決まっているという話ですね。社会に出ればいろいろとしきたりや決まりがあり、それらにはやっぱり従わなければいけません。卒業式に出なさいと教えるのがお母さんでしょう」と諭して電話を切りました。

そのお嬢さんは、結果的には卒業式に出席しました。しかしこのようなことではいけません。単に親が、子どもの歓心を買おうとしているのです。世の中にはルールがあることをしっかりと教えるべきです。

子育ての責任者は親である

そもそも何のために子どもをしつけるのでしょう。その基本についてあらためて考えてみましょう。

お母さんにとって子育てに注ぐ力というのは、全神経のおそらく九〇パーセントぐらいを占めているのではないでしょうか。朝起きてからずっと、夜眠ってからも、それこそ夢にまで見るかもしれません。

それほど大切な自分の子どもが、世の中でのけ者にされないで生活していくために必要な訓練をさせ、その知恵を授けるのが、子育ての基本だと思うのです。社会生活をするために必要なルール、作法や物事の善悪を判断する力を身につけさせる、これが大きな目的であって、親の日ごろの努力の一つ一つが、すべてここに集約されるのです。

そして、この子育ての責任は親にあることをよくよく自覚していただきたいのです。このことが分からずに、他人や学校に文句ばかり言う親がおりますが、子育ての責任者はあくまでも両親だということを忘れないでほしいのです。

たしかに「しつけ」は学校や地域社会の大人が、みんなで行うべきことです。例えば、児童福祉法など子どもに関する法律を見ても、世の中の大人全部が子どもを健全に育てる責任があると謳っています。しかし、その最終的な責任はそれぞれの親に帰するということをご理解いただきたいのです。

「法律のどこにそんなこと書いてある？」などと言う人もいますが、それは法律以前の当然のことだから規定する必要がないのです。二〇〇八年の秋に成立した「教育基本法」はじめ教育三法の改正の中には、家庭での子どもの教育ということが示されましたが、法律に明文化されていなければ「しつけ」をしないというような発想そのものが問題なのです。

子どもの要求の八割は突っぱねる

お母さん方と話をしていて思うのですが、みなさんいろんな本をお読みになっていますし、子育てについての知識は豊富のようです。しかし、知っていることを実際に子育てに生かして、行動に移していくことができていない。知識と実践に整合性がないというケースが非常に多いのです。つまり大切なのは、どれだけ知識をもっているかではなく、理屈抜きで、どれだけ実行できるかということです。

非常に理想的な子育て理論を持っているのに、育てた子どもはその理論通りに育っていないという話もよく耳にしますが、実はそれが当たり前なのです。子どもは育てたいようにはなかなか育たないで、育てたように育つものなのです。

今は一般に少子化の時代で、少ない子どもの子育てにしくじりは許されない、と甘やかす傾向が強く、必要以上に子どもに迎合する親や、「友達親子」になってしまっていて、叱らなければ、たしなめなければならない時にそれができず、情けに溺れてむやみにかわいがってばかりいる親が多いのが懸念されます。子どもの機嫌をとる必要はありません。よく「子どもの要求することの八割は突っぱねろ」と言われる通りです。子どもに引きずられていては子育てはできません。

まずは、ほめるのが先

とはいえ、「八つほめて二つ叱れ」という言葉もあります。どちらが先かといえば、まずは子どもをほめることです。ほめるのを優先させていれば、叱ることはやがて必要なくなります。ほめて良いところを伸ばしていけば、やがて黙っていても悪いところは立ち枯れるものです。なのに、「あなたのいけないところはこれ、早く直しなさい」と、先に悪い点を指摘するお母さんが非常に多い。そうではなく「今日は良いこと一杯できたね。明日はここをがんばろうね」と良いところを指摘しながら励ます。また、具体的に何かをやるときでも「がんばれ」ではなく「よくがんばったね」と良くできたところをほめた方が効果的です。

私は子どもたちに剣道を教えていますが、なかには器用な子もいれば不器用な子もいます。しかし長い目で見れば、器用だった子だけが強い選手になっているわけではありません。器用だった子が途中で伸びが止まってしまったり、不器用でどうしようもなかった子が、意外と大成している例も少なくありません。ですから、叱ることも大切ですが、節目節目にほめて自信をつけさせて、「君はやればできるのだ」と暗示をかける育て方が大事ではないかと思うのです。やがて、この暗示が本物になるのです。

しつけは生まれたときから始まる

警察官になった私の最初の仕事は、駅前交番勤務から始まりました。そのころ、子どもがどうしようもない悪ガキで困っているという親に「星さん、何とかしてほしい」と頼まれたことが何度もありました。その中には大人になって多くの弟子をもつ大工の棟梁になった人や学校の先生になった人もいますし、反対にダメな子のままダメな大人になってしまった人もいていろいろです。そのような子どもたちを見てきて思ったのは、もちろんすべてではありませんが、親や周囲の大人の接し方によって子どもはまっとうな人間に立ち直れるのだ、少なくともその可能性はあるのだということです。

また、私は学者でも宗教家でもありませんが、警察でたくさんの道を踏み外した子どもたちを見てきてつくづく思ったことがあります。それは生まれながらの悪人はいないということです。

「しつけはいつから始めればよいのでしょう」とよく聞かれますが、私は「しつけは生まれたときから始めるものです」と答えています。

お母さんが子どもを叱っていると、おばあちゃんが出てきて、「こんな小さい子に何が分かる、分かるようになったら言い聞かせればいい」と孫をかばう光景も見かけますが、小さい時から始めることが大切です。

動物に例をとると、犬の世界では、生まれて一二〇日以内にある程度のことを教えないと、成長してからでは芸は覚えないそうです。人間と動物とは違うと目くじらを立てる方もいるかもしれませんが、「三つ子の魂百まで」という諺が示すとおり、幼い時の性質は年をとっても変わらないものだと思います。

実は、私も小さい時からおばあちゃん子で、おばあちゃんの姿が見えなくなると、いつも「ばあやはどこ行った」と探し、ばあやの後ろに隠れて悪さばかりして、母親に見つかっては叩かれていたようです。そんなとき、ばあやは「こんな小さな子を叩いて、何が分かる。分かるようになったらばあやが言って聞かせるからいいよ」と、おふくろとよく喧嘩していました。

私はその時のことをよく覚えています。子どもながらにばあやが間違っていると分かっていたのです。「こんなちっちゃい子に何が分かる」って言うけど、ちゃんと分かってました。だからおふくろの言うことが正解でした。

叱ることは絶対に必要、けれども怒ってはいけない

「叱る」ことと「怒る」こととの違いについては説明するまでもないと思いますが、簡単に申しますと、その時々の感情をそのままぶつけてしまうのが「怒る」ことで、「叱る」のは愛情に裏打ちされたしつけの方法の一つということです。

叱るとき感情が入ってしまうとその分だけ愛情が抜けてしまうのです。そのことを忘れないでください。子育てにおいては、感情と愛情はなかなか同居しにくいものなのです。勘違いしている人が多いのですが、感情でかわいがることも愛情とは言えません。溺愛に陥りやすいからです。感情に流されてやることは、子どものためにはなりません。

例えば、お母さんが、自分の子と友達の子とを比べて「どうしてあなたはこんなことができないの」と腹を立てて感情を子どもにぶつけても、子どもが「そうだ、お母さんのいう通りだ」と思うことはまずありません。

理屈ではよく分かっているつもりでも、なかなかできないのがこれなのです。子どもも相手とはいえ、感情を抑えるのが難しいことはたくさんあると思いますが、これはとても大事なことなのです。

さらに具体的な例をあげてみましょう。

例えば、夕方の家事でお母さんが台所で手が離せず、子どもに近所へお使いを頼んだ。ところがいつになっても帰ってこない。しばらくしてようやく「ただいま」と言って、頼んだものを買って帰ってきた。

こんなときどうしますか。

「今までどこをうろちょろしていたのよ。早く帰ってきてくれないと、困るでしょう」と、まずこんなふうに言ってしまうお母さんが多いのではないでしょうか。しかしこれでは「感情」をぶつけただけなので、それを聞いた子どもは「なるほど、この次からきちんと帰ってこよう」とは思いません。反省しないのです。「だって友達にあそこで会っちゃったんだもん」とか、子どもは子どもなりの言い訳を考えるわけです。

このような時に大事なことは、まず子どもが出かける前に「用事がすんだら、早く帰ってくるように」と教えておくこと。それでも遅くなってしまったときでも、まずは「どこ行ってたの、心配してたのよ」というような言葉をかけられたら合格です。子どもは内心「ちょっと遅くなっちゃったかな」と思っているはずですから、かえってこのような言葉をかけられた方が「いや、参ったな」と反省するものなのです。

このように「お母さんがこんなに心配してるなら今度からは、早く帰ってこなくちゃいけないな」というふうに子ども自身が反省するよう導くのが、子育てにおける叱り方のポイントです。「どこをうろちょろしてたのよ」というのでは怒りをぶつけているだけの、単なる小言になってしまいます。家事などで忙しい時でも、感情に走らないで冷静に子どもに接することが肝心なのです。

叱ってほめて深まる絆

親は子どもに、間違ったことをしたら叱られるのだということを正しく教えるべきです。このことを物心つかないうちから教えるのがいちばん大事なことだと思います。子どもはどう考えても未熟で、世の中のことを知りません。間違ったことをやって当たり前です。それらのことを頭において、叱るべき時は厳しく叱る、その代わり良いことをしたらとことんほめる、抱きしめてほめてあげてください。その時に親と子の結びつきができるのです。良いことをしてもほめない、悪いことをしても叱りもしないのでは、子どもとの心の糸をどこで結べばよいのでしょう。叱る、ほめるという行為は、そういう意味でも大事なことなのです。

では、実際にどういう時に叱ればいいのか、どういう時にほめればいいのか。最近、その点で間違っているお父さん、お母さん方が多いようです。叱ることの意味を理解しないまま感情的に叱ったり、子どもに迎合するだけのほめ方をしては逆効果です。

何を基準に叱るか、あるいはほめるかの判断が大切なのです。

しかるべきか否かの判断基準

どういう時に叱るべきなのか、どういう時にほめるのかという判断はとても難しいことです。子どもによっていろいろで、一律にこうだという線は引けません。しかし「鉄則」として一つだけ言えることは、結果の大小だけで判断してはいけないということです。これさえ踏まえていれば、たとえ少々しくじったとしても、後々まで尾を引くようなことにはなりません。あとは「うちの子はこうだから、この辺は割り引いて考えよう」とか、ケースバイケースで臨機応変に対応してください。

大事なところですから、次の例で一緒に確認してみましょう。

〈実例①〉

例えば父親が大切にしていた置物を壊してしまったというような場合。このようなときはまず、どうして壊したのかを聞いてみてください。

「僕、掃除しようと思って拭いてたら壊れちゃった」というような場合は叱るべきではありません。結果だけでなく、動機や理由をよく聞いてから、叱るべきかどうか判断するのです。置物が壊れたという結果だけを見て「壊してしまって、このバカが」と過ちを責めて叱ると、子どもは「もう手伝いなんかするもんか」というふうになってしまいます。

〈実例②〉

反対に結果が小さいように見えても、厳しく叱らなければならない場合もあります。こんなケースです。

四人でゲームをする約束をした子どもが、待ち合わせ場所に出かけようとした矢先に、別の面白いことに出会って、友達に連絡もせず待ち合わせ場所に行かなかったのです。四人いないとできないゲームだったので、他の三人の子どもたちは困ったのですが、たまたま通りかかった別の子を入れてゲームをしたのです。

さて、この場合、待っていた他の三人も別の子を仲間にしてゲームができたので、実害は発生しておりません。しかし、ここで考えなければならないことがあります。

私たちが生活している世の中は、約束事で成り立っているということです。その約束を勝手に破ってしまえば、周りの者が迷惑しますし、大袈裟にいえば秩序が乱れてしまうことになります。この子が約束を破ったことはとても重い意味を含んでいるのです。ですからこのような場合は、実害はなくとも厳しく叱る必要があるのです。

みなさん方も友達と待ち合わせて、出かけることがあると思います。遅れてくる人は大抵いつも同じ人ではありませんか？　連絡もしないで「ごめん、ごめん」と言いながらやってきます。私に言わせればいつも遅れる人というのは一種の病気、まさに生活習慣病です。子どもの時からそういうふうに育てられてしまったのです。

待ち合わせの場所へ早く行って、余裕が持てれば、その日一日が自分にとって有利な展開になります。そういうふうに子どもを育てないと、何ごとも後手に回ることになります。「ごめん、ごめん」という「負」の言葉で一日をスタートするのは、長い人生の中ではずいぶんと損をすることになると思います。

これら一つひとつは小さな事柄のように思えますが、子育てでは決しておろそかにしてはいけないことです。むしろ小さなことの繰り返しが大切なのです。友達同士の約束とか、遊び仲間のルールを守ることを子育ての間にきちんと教えていき、積み上げていくことが大事です。それがあれば、あとは教えなくても子どもは積み重ねから自然に覚えていくものです。

大勢の前でほめ、誰もいないところで叱る

ほめる時はなるべく大勢の人の前でほめましょう。逆に叱る時には絶対に人の前で叱ってはいけません。

子どものプライドを軽視してはいけません。子どもの時にほめられた、あるいは叱られた情景を思い出してみてください。嬉しい情景や苦い思いをした記憶がよみがえってくるはずです。子どもだからとタカをくってはいけないのです。子どもの自尊心を傷つけないしつけ、子育てを目指してほしいのです。

私が警察にいた時にこういう事件がありました。あるお母さんが玄関で子どもを

叱ったのです。中学二年生くらいの男の子だったのですが、子どもはカッとなって、そこに置いてあった父親のゴルフ練習用のクラブでお母さんを殴って怪我を負わせてしまいました。新聞記事にもならない小さな事件でしたが、その家庭にとっては大事件だったのです。子どもが初めて手を上げて親に反抗し、母親に怪我を負わせてしまったのですから。父親は、それらの点を重視したのでしょうか、警察に相談した方がよいと考えて私たちのところにきたわけです。

そこで私は、この子どもが物心がついた頃から現在まで、親にどのように育てられたか、嬉しかったことや嫌だったことなどについてとことん話を聞きました。いろいろ話を聞いてみると特別に悪い子ではないのです。むしろ普通の子以上に良い子だったと思っています。彼は「たしか小学校の一年か二年の頃だと思うが」と前置きして、次のような話をしたのです。

ガキ大将だった彼が近所の仲間と遊んでいた時、家の冷蔵庫の中においしい菜っ葉の漬け物があるのを思い出して、手づかみで持ち出し「食え」とみんなに食べさせたそうです。その現場を見た母親が、「なんて恥ずかしいことをやってるの、掌にのせて『食え』とはなによ」と彼の手をたたいたそうです。自分が「うまいぞ」と言って食べさせたかった自慢の漬け物は、すべて地面に落ちてしまった。仲間たちの目の前で叱られて、生まれて初めてものすごく辱められた思いで、母親を殺したい気持ちになったと言うのです。

こんなことがあってから、その子の気持ちは母親から離れてしまったそうです。母親が何かしてくれても気持ちの上で母親に近寄れない、母親と気持ちがつながらなくなったと言います。

一方、母親はそんなことはすっかり忘れてしまっていました。それほど何げなくやった行為が子どもの心を凍らせてしまっていたのです。「人前でみっともないことをするな」と、軽い気持ちで息子の手を叩いた母親の注意が、結果的に子どもの心に強烈な霜を降らせてしまったのです。

中学生に成長した彼は、お母さんに何か言われてカッとなって、近くにあったクラブで、衝動的にお母さんを殴ってしまった。どうしてこんなことになってしまったのでしょう。子どもの行為が悪いのはもちろんですが、お母さんが小学生の彼に対してとった態度も決してほめられたものではありません。叱り方を間違ってしまったのです。何げなく親がした行為が、子どもの心に深い傷を残し、ずっと後になって爆発してしまうこともあるのです。

「口は斧を持つ」という言葉をご存じでしょうか。何げなく言った一言が、相手にとっては一生心の傷となって残ることもあるのです。刃物で傷つければ血も出ますし、傷も残るので見た目で分かりますが、心に深く刺さった言葉の傷は見えません。「口は斧を持つ」とは、間違った言葉の使い方をすればとんでもない方向に人を追いやってしまうという深い含みを持つ言葉で、心すべきことではないかと思います。傷をつけた方は忘れても、つけられた方は忘れないものです。

金属バットで子どもが親を殺すような事件があると、マスコミなどはその局面だけを見て報道する傾向があるようですが、うわべのみでは判断できないと思います。ものごとを判断するのはそう簡単ではありません。フィルムを逆回転させていって、生まれてから今日までの十数年間の心の軌跡を丁寧にたどる必要があるのです。

このように、子どもを叱るのは非常に難しいのです。しかし難しいからといって、避けて通ることはできません。

参考までに付け加えておきますと、「子ども一〇〇〇人に聞きました」というアンケートで、「子どもが大人に言われてイヤな言葉」が三つ、「うれしい言葉」が三つあがったそうです。

「嬉しい言葉」は、「よく頑張ったね」「頭が良いね」「さすがだね」でした。

「イヤな言葉」は、「バカだねぇ」「早くしなさい」と「やっぱりダメだ」でした。

「嬉しい言葉」と「イヤな言葉」のそれぞれ三つの重みを「口は斧を持つ」という言葉と一緒に、心にとめていただきたいと思います。

ほかの子と比較はしない

ほかのお母さんに「うちの子はこうなのよ」「うちの子はああなのよ」と話す親を見かけます。聞いてみると、子どもの非常に小さな側面を近視眼的に見て、子どもを評価しているようです。子どもというのは、その子ども特有の性質をそれぞれに備えて生まれてきています。それら諸々の要素がちりばめられて一つの個性を持った子どもとして存在しているのです。子どもの個性を見極めないで、一部分だけを見て「あなた、こうだ」と親がレッテルを貼ってしまっては、子どもは居場所がなくなってしまいます。それらすべてをひっくるめたのが自分の子どもなのです。全体をよく見て、子どもの個性をよくよく把握してほしいと思います。

「○○ちゃんはきちんとできたのに、何であなたはできないの」と子どもを叱るお母さんがいます。これはしつけではなくて、ほかの子ができるのに、自分の子どもができないという事実に自分が腹を立てて、当たり散らしているだけです。仮にその面では劣っていたとしても、ほかに優れているところがあるはずです。一つの局面だけを見てほかの子と比較してはいけません。「お兄ちゃんはできたのに、何であなたはできないの。お兄ちゃんはママ似で、あなたはパパ似だわ」などと口走るお母さんがいますが、たとえ兄弟でも比較は厳禁です。子どもがものすごく傷つくのです。

口でつけた傷は見えないだけに難しいのです。親だからこそ「ああ、この子はこういうところはいまひとつだが、その代わりこんな良いところがある」と、トータルで見てあげましょう。やがて大人になった時に、バランスのとれた人間になるよう育てていくことが大事なのです。

実行できないことは言わない

よく「もう、お母さんはあなたには、一生ご飯を作ってあげない」とか、「外へ出なさい。もう絶対に家の中に入れてあげないわよ」などと、ものの弾みで言う親がいます。「今度悪いことをしたら、おちんちん切っちゃうわよ」とか。

「二度と入れてあげない」と言いながら舌の根も乾かぬうちに、「何やってんの、お家に入りなさい」と声をかけたり、「二度とご飯を作ってあげない」と言いながら二時間も経つとちゃんと夕御飯を作ってやったりしている。

言ってみれば、これは親がオオカミ少年になってしまっているのです。これが続くと子どもは、口では厳しいことを言っても絶対にできやしないと親をバカにし始めます。親をなめる子になってしまい、それが一つの流れになってしまいます。実行できないことは言わないことです。

「あなたがこれをやったらお母さんは絶対にこうするわよ」と言ったことは、必ず実行することを子どもに示しておくことです。そうすると子どもは、「お母さんはバカにしたり、嘘をつくと怖い存在なんだ」と思うようになるのです。

厳しく叱るときほど肌を接して

台所で洗いものをしながら、子どもが後ろにいるのに顔も見ないで「あんたはダメね。それでどうなったの」などと叱るようなことをしていませんか。これも絶対にいけません。またご飯を食べている時、テーブルを挟んで叱ったりするのも止めてほしいことです。

叱るときは肌を接して叱ってほしい。特に厳しく叱る時には、必ず子どものどこかに触っていてください。脇に座らせて、肩を組むなどして「ねえ分かる？　お母さん

がどうしてきつく言うのか分かる?」というように。子どもというのは、突き放されるということに、親が考えている以上に、ものすごい孤独と恐怖感を覚えるのです。親に見捨てられたと思ってしまうのです。事実最近も、親に叱られて、見捨てられたと思い込み、ヤケになって犯罪に走った子どももおりました。

子どもにとって母親というのは、特に小さい子には絶対的な存在なのです。その母親に「出ていきなさい」とか「もうママは知らないわよ」などと、顔も見ずに突き放すような言い方をされたら、子どもは本当に落ち込んでしまいます。叱る時には必ず手を握るとか、頭に手を乗せるとか、子どもと肌を接することを習慣づけてください。そうすれば、きつく叱っても子どもの心が親から離れることはないはずです。

「なり直し」のススメ

私は剣道の稽古で子どもを叱ったときには、稽古が終わった後、「君はやればできるんだ。先生がきつく言ったことが分かるか」と、帰り際に話すようにしています。叱りっぱなしというのはよくありません。

叱った後は肩を抱いて、「お前は上手にできるんだぞ。上手にできるのにいい加減なことをやったから、先生は叱ったんだ。お前は上手なんだ、いいか、分かったか」と語りかけるのです。叱られて落ち込んでいた子どもは「うん」と返事をしながら気持ちよさそうに帰っていき、次の日の稽古では、にこにこしながら「先生!」と飛んできます。嫌な思いのまま帰宅させると、子どもは家に帰って寝た後も後味の悪さを引きずったまま朝を迎えてしまいます。こういう思いをさせないようにしてほしいのです。

これを「なり直し」と言います。子どもは自力で「なり直し」をする力はありませんから、ぜひお母さんがやってあげることです。私は、これは父親にもなかなかできないと思ってます。ですからお母さんがやってください。母親の役目です。

「きつく叱ったな」と思ったら、必ず「なり直し」をして、「ね、分かった？　お母さんの言うこと」「うん」などと気持ちを寄せ合って、子どもが不安を引きずらないようにしましょう。後味の悪さを引きずったままでは、「塵も積もれば山」のたとえのように、最初は手をつないで歩いていた親子の関係が、だんだん広がり、握っていた手が離れて、やがて結べない距離になってしまいます。

なお念のため付け加えますが、この「なり直し」は謝罪やご機嫌とりではありません。十分注意してください。

小言が多いと感じたら、距離を置いてみる

毎日の子どもとの触れ合いの中で、「叱る」というより、「小言」が多すぎるのでは

ないか、と考えているお母さんも多いようです。「ほら、またやった。何でそんなことやるのよ」「早く起きなさい」「早くご飯食べなさい」「早く行かないと遅刻するわよ」等々。確かに毎日、朝から晩まで、同じ小言が続けば、言っている方はストレスがたまりますし、言われる方も「またか」とうんざりするだけで言うことを聞こうという気持ちにはなりません。

これは、子どもに近づき過ぎて、子どもの全体像が見えなくなっていることが原因です。私は、そのようなお母さんには、子どもとの距離を少しとって接してみたらいかがでしょうかとアドバイスしています。

お母さんたちは、自分の産んだ子で、ずっと育ててきて、自分がいちばん知り尽くしているとの思いから、知らず知らず子どもに近づきすぎてしまっているのです。でも、子どもというのは、お母さんたちが考えているよりもたくましく、黙っていても育つものなのです。子どもは「育てるよりも育つもの」という言葉もあるくらいです。

例えば、みなさんがベランダや庭で育てている鉢物などは、雨や風で少々傷められても、元の位置に正しく置くと、ちゃんとまっすぐに伸びて育ちますよね。人間も同じです。基本的にはお日さまに向かって伸びてゆくようにできているのです。親があまり口うるさく言うと、かえって子どもを間違った方向に追いやってしまう。そういう例もたくさん見てきました。

近視眼的に子どもを見過ぎないこと。子育ては終わりのない親の仕事なのです。子どもとの距離を少しとって、口を出したいと思っても子どもを信じて、黙って見守ってみてください。

乱暴かもしれませんが、子どもだって少々高いところから飛び下りてみれば危険の度合いが理解できるのです。そうそう死ぬことはありません。そういう経験をさせないから、スーパーマンごっこでマンションの八階から飛び下りて死んでしまうような子が出るのです。どのくらいの高さから飛び下りたら危険かということをいつも親が先まわりをして判断してしまうから、子どもは自分で危険なのか安全なのかを判断する力がつかないのです。実際に飛び下りてみて、足をくじかない高さを経験で学んでゆくのです。

私がこういう話をすると、お母さん方は頷いて理解してくれます。でも再三申し上げますが、みなさん理解したこととやることが別なのです。理解してもやらない。でも、子どもには子どもなりの世界があり、ルールがあるのです。親から見たら「危なっかしい」と思うはずです。当たり前です。でも、子どもを信じて、少し距離を置いてみてあげてほしいのです。

ただし、忘れてはならないのは、「手を離しても目は離さないこと」です。

例えば、子どもが友達を誘いに行ったのにすぐに戻ってきてしまったようなときです。何か友達とのトラブルがあったようだ、うちに帰ってきてからの態度がおかしい。子どもはしょげ返っている。「どうしたの、けんかでもしたの」と手を差し伸べたい。そこをぐっとこらえてください。その代わりに、それとなく子どもの様子を観察するのです。そういう時に子どもはどう解決するのか。時には恥をかいてくることもあるでしょうし、いじめられることもあるかもしれません。でも、自分の子どもがいろいろな体験をしながら一つひとつ大人になっていく、そのプロセスをまずは静かに見守ってあげてください。自分で問題を解決することにより、子どもはものごとの処理能力を身につけた大人へと着実に成長していけるのです。

3

幼稚園や学校とのつき合い方の「鉄則」

いちばんの被害者は子どもたち

「この教師はいやだ、担任を代えろ」「うちの子をあの子と同じクラスにしないで」などと無理な要求をしたり、必要以上に詳細な説明を求めて集団で学校に押しかけたり、挙げ句の果てには、自分たちの要求が通らなければ、夜中まででも校長室に居座ったりする親が後を絶ちません。

こうした親からの苦情や抗議に対応するため、先生方は相当の時間や労力を使うことになります。一日の時間は限られていますから、先生方は当然のことながら、子どもたちのために使う時間を削るか、帰宅を遅らせてプライベートな時間を削るしかありません。長いことこのようなことに追われていると、子どもたちへの指導にも支障を来すでしょうし、先生方も精神的に参ってしまうでしょう。

最近の状況を見ていますと、親は日ごろのストレスを、最も無抵抗な学校にぶつけている観さえあります。「文句を言った者が勝ち」というような、最近の社会風潮にのせられ、また一部マスコミのムードに煽られ、子どもかわいさのあまり、何かというと学校に押しかけて苦情や、抗議を申し立て、学校を訴える親までいます。近年そうした親は「モンスターペアレント」呼ばれるようになり、広く知られるようになりました。結果として最も子どものためにならない選択をしているということに、学校に押しかける親たちは気付いていないのです。対応に疲れ果てた教師が、子どもの教育にどれだけのことができるでしょう。めぐりめぐって最大の被害者となるのはかわいい自分の子どもたちなのです。

子どもと一緒に詫びる方が効果的

「うちの子のどこが悪かったんですか」とか、「注意してくださるのは有り難いのですが、どこがどう悪いのでしょうか。私は私なりに自信を持って子育てしています」などと言って、学校の先生ばかりでなく、ボランティアのおじいちゃん、おばあちゃんにまで食ってかかるお母さんもいるようです。

こうしたお母さんは、子どもの前で「私はあなたの最大の味方なんだ」と示すこと、言うなれば「闘う母親」を演じることが、子どものためになると勘違いしてしまっているのです。しかし、子育ての観点から言えば、むしろ逆なのです。

「ウチの子が本当に申し訳ありませんでした」「叱ってくださってありがとうございました」と、しっかりと詫びるべきところは詫びるということを、親が子どもに理屈抜きで実際にやってみせる。これが子どもにはものすごく効くのです。

子どもは「いつも家では、怖いことを言ったり、厳しいことを言うお母さんが、自分が悪いことしたことで謝っている。あんなにプライドの高いお母さんが他人に向かって、畳に頭をすりつけて詫びてくれた」と受け止めるのです。

これは、悪いことをして警察に来た少年たちからもけっこう聞きました。子どもには「闘う親」より「詫びる親」が効くのです。「アン時は参ったよ」と道を踏み外した悪ガキでも、親のそういう行動はものすごく鮮明に覚えているのです。子どもっていうのは、親が考えているほどバカじゃない。自分のやったことが良いことか悪いことかぐらい、よく分かっているのです。

子ども同士のトラブルでも、親が無条件にかばったりすると、その場では有り難いと思うけれど、心の中では親を信頼しなくなるのです。子どもが「本当に悪いことしたな」と思ってる時には、むやみに叱ったり相手を責めたりするよりも、子どもと一緒に「ウチの子どもが悪うございました」と詫びる方が、子どもには効くし、一生忘れません。それがしつけであり、子育てなのです。

子どもの世界では、大なり小なりトラブルがあるわけで、何かあった時には、子どもと一緒に詫びることを心がけましょう。長い目で見れば、闘うよりもずっと良い教育になります。こういうことの積み重ねが、思いやりのある子、親切な子、親思いの子を育てることにつながるのだと思います。

先生との付き合い方① マナーを守る

人を訪問するときは、世間一般にそれなりのマナーがあるものです。まず、事前に電話をし、相手の都合を聞くことは常識でしょう。先生方は授業中の時もあれば、学校行事で手が離せない時もあり、とても忙しいのです。しかし私が相談を受けた先生から聞いた話では、予告なしどころか夜間に訪問する親、さらには自分たちの要求が聞き入れられないと、延々と深夜まで校長室で居座り続けた親、もっとひどいのは、飲み終わった茶碗を教師に投げつけた保護者もいたそうです。

学校を訪問するからといって特別な支度は不要ですが、世間一般のルールは守るべきです。ましてや、相手は子どもの人生にとって何よりも大切な学問を教えている先生なのですから。

先生との付き合い方②　子育ての良きパートナーとして捉える

子育ては、始まりがあって終わりのない長い長い大事業です。親だけでできるというような簡単なものではありません。小学校就学までは、まだ子どもの行動は親から見えやすいのですが、小学校、中学校へと進むにしたがって、学区も広くなってきますし、体力も付いてきます。徐々に子どもの行動範囲が広くなり、その多くが親から見えなくなってきます。さらに思春期を迎える頃になると、それまで親に何でも話していたのにそれもしなくなってくる。こうなると、もはや親の力だけで子どもを理解することは難しくなり、誰かの手助けが必要になります。

では、最も身近で、親の次に長い時間子どもを見ている人、「助けてほしい」と言えば相談に乗ってくれる人は誰か。そうです、幼稚園や学校の先生が子育ての最高のパートナーなのです。

先生というと近寄りがたいと思っていらっしゃる方もいるでしょうが、こちらから近づいて手を握って、自分のため、そして子どものために働いてもらうことです。

幼稚園は、一般的に学校と違って先生の異動が少ないようです。一つの園に三〇年以上勤務している先生も珍しくありません。兄弟三人とも担任だったとか、時には両親とも卒園生だったなどということもあります。両親のことから兄弟のことまで知っているわけですから、子どもが小学生や中学生になっても、相談ごとに対して深みのある適切なアドバイスをしてもらえます。ですから幼稚園の先生とは、子どもが卒園した後も、いつでも相談できるチャンネルを開いておくとよいでしょう。

次に学校ですが、先ほど申し上げたように、親の次に長い時間子どもに接しているのは先生です。ですから外での子どもの顔（親に見せない一面）や、交友関係を知りたいと思うなら、真っ先に話を聞かなければいけないのが担任の先生なのです。ですからここで大切なことは、担任の先生といつでもにこやかなムードで子どもについて話し合える関係を築いておくことです。

実はこれは学校にとっても望むところであって、私の知る限り、学校から先に保護者との関係を閉ざした例はありません。関係がうまくいかないのは、ほとんどが親の方で関係を閉ざしているのが原因です。

東京都内のある中学校を取材したとき、子どもを高校に入学させたばかりのお母さんからこんな話を聞きました。「子どもが中学校にいるときは学校で何かがあると、子どもより先に担任の先生から必ず電話が来た。学校がとても身近に感じられたし、いつも先生と一緒に子どもを見ているというぬくもりと安心感があった。でも、高校へ行ったら、学校から電話が来なくなってしまった。子どもがとても遠いところに行ったようで、不安だし寂しい」と。中学校と高校を単純に比較することはできませんが、母親をしてこのように言わしめたということは、この中学校あるいは担任は、日ごろから保護者と理想的な関係を築いていたという証しでしょう。大いに見習いたいところです。

先生との付き合い方③ 「いかにして学校を支えるか」を考える

自分の子どもに何かトラブルが発生すると、「先生はそのときどこにいたのですか」

「先生はどこを見ていたのですか」と一方的に教師にくってかかる親がいます。よくよく考えてほしいのは、親は自分の子どもだけを見ていればいいのに対して、教師は一人で数十人の子どもを見なければいけないという当たり前の事実です。

また、一方的に子どもの言うことを鵜呑みにすることは危険だということを頭に置いてほしいのです。「あの目を見ればわかる、子どもは純真だ」という人もいますが、子どもも時には大嘘つきになることもあるのです（ほとんどの場合が見え透いているのですが）。

何かあったとき、子どもがまず考えることは「親にどう報告すれば自分が叱られないですむか」と言うことです。「○○クンが言うからボクはやりたくなかったけどやってしまった」「○○さんに用事を頼まれて遅くなってしまった」などと、頭を回転させて責任転嫁しやすい人を探し、誰かを「悪者」に仕立てようとするのです。誰を悪者に仕立てるかは子どもなりに頭を使うところで、うまくやらないとバレた時にひどい目に遭います。そのうちバレてもひどい目に遭わない、極めて安全な人がいることに気付きます。学校の先生です。このような子どもの心理を親はよく考えてください。

親は子どもに振り回されて学校へ文句を言ったり、事前連絡もせずに訪ねたり、必要以上に詳細な説明を求めたりして、教師が子どものために充てる時間を削いではいけません。

学校のやるべきことと親のやるべきこととの領域を正しく理解して、学校のやるべきことに余計な口を差し挟まないようにすべきです。「運動会の種目を変更するのに学校はどうして保護者の了解を取らなかったのだ」「あの子がリレーの選手になってどうしてウチの子がなれなかったのか説明してくれ」このようなことを学校に言う親が最近とみに目立ちます。

これらは学校の判断で行うべき領域であることは、少し考えれば分かることです。学校が行うべき決定に、何やかやと親が口を差し挟むことは、単に学校を混乱させ、教師を忙しくするだけのことです。

大切なことは、教師が子どものレベルアップのための指導に専念できるよう、親として教師にどう協力できるかを考えることです。これが結果として最も子どものためになる選択なのです。

積極的にＰＴＡ活動に参加することもお勧めします。ＰＴＡの活動の原点はいかに学校を支えるべきかということですから、とても勉強になると思います。

4

ケータイ・ゲームの与え方の「鉄則」

ケータイの功罪

近年の携帯電話やパソコン等の普及には目を見張るものがあり、これなくして社会生活が成り立たないまでになっています。特に子どもたちの情報収集源は今や「ケータイ」であると言っても過言ではありません。

今後この流れはさらに加速すると思われます。メールをしたり音楽を聴いたり、コンビニで支払いをしたり、日々の生活はどんどん便利になっていきます。しかし、非常に便利な反面、多くの犯罪に利用されていることも事実です。

「ケータイ」の場合、指導する学校や親よりも、される側の子どもの方が操作の仕方などに詳しいのでさらに厄介なのですが、ここまで述べてきた「鉄則」を応用すれば十分対処できます。

ケータイを持たせるに当たって心すべき事

携帯電話に負の側面があるとはいえ、その利便性を求める流れは加速こそすれとどまることはないでしょう。であるならば、親はそれをしっかり管理し、細心の注意を払って持たせなければいけません。そして子どもがネット社会と正しくつきあう能力を身につけさせることです。

「子どもが学校に携帯を持ってくることを原則禁止した」という学校もありますが、これで問題が解決したわけではありません。現に千葉県内のある中学校での携帯電話所持の調査結果を見ますと、女子の平均九二・三パーセント、最も高い一年生は九六パーセントです。一年生から三年生までの全校平均は七七パーセントでした。つまり、学校で禁止したからといって子どもが携帯電話を所持しなくなる訳ではないのです。まず、両者は別問題であることを認識しなければなりません。むしろ、家庭でしっかりと管理することがますます必要になったともいえるでしょう。

効果的活動事例

学校と保護者が一体となって取り組み、効果を上げている例もあります。

私が取材した東京都江戸川区立小松川第一中学校は、校長のリーダーシップと熱意で、学校、ＰＴＡ、さらに地域全体を巻き込んで、各種の行事を盛り上げるインフラができているのですが、この学校も最近の例に漏れず、生徒の携帯電話の問題で悩んでいました。校長とＰＴＡ役員は「法律の制定や警察の取り締まりを待っていたのでは遅い。自分たちで何かできないか」と立ち上がり、警察から講師を招いて保護者向けの講演会を開いたのです。

携帯電話の恐ろしさについて、実例を交えての説得力ある話を聞いたお母さん方からは「こんなに恐ろしいものとは知らなかった」「携帯電話会社の人にもっとフィルタリングなどについて教えてほしい」などの声が多く聞かれたそうです。こうした機会があれば積極的に参加することをお勧めします。

ケータイを持たせるときの「鉄則」

携帯電話を持たせる場合は、次のような「我が家のケータイルール」を決めて、しっかりと守らせることが重要です。

①充電器は親が管理する。夜は親のところに置き充電させる。
これは江戸川区立小松川一中の保護者の方が実際に行っている方法です。携帯電話をめぐる問題の最たるものは、親の目の届かないところで有害サイトに簡単にアクセスできてしまうことですが、少なくとも夜間はそれを封じることができるので、きわめて効果的な管理方法といえます。

②知らない人からのメール、チェーンメールには絶対に返信しないこと。
「このメールを転送しないと不幸になる」というようなチェーンメールは転送せ

ずに自分のところで止め、すぐに削除すること。

③知らない人からの電話には出ないこと。着信歴が残っていてもかけ直さないこと。

④むやみに自分や友だちの名前、住所、電話番号、メールアドレスなどの個人情報を教えないこと。

⑤メール、掲示板などに誹謗中傷、うそなどを書き込まないこと。（最悪の場合、犯罪になる恐れがある）

⑥トラブルに巻き込まれたら、画面を保存すること。（被害の拡大防止や削除依頼に使うため）

これらのルールを徹底すれば、子どもが大きなトラブルに巻き込まれることはないでしょう。

「ゲーム、即悪」ではない

「ゲームがなければ遊べない子どもが増えている」「ゲームで遊ぶ子どもの低年齢化」などが問題視されています。携帯電話と同様にこの流れはこれからも続くでしょう。

少年の凶悪犯罪が起きると、よく「あの子はゲームをやっていた」「あの子は学校裏サイトに書き込みをしていた」と話題になります。しかし、これだけ多くの子どもがゲームをし、これだけ多くの子どもがケータイを所持しているのですから、犯人である少年のほとんどは「ゲームをやっていた」「ケータイを持っていた」という条件を満たすのは当然でしょう。

子どもが遊びの達人であることは、今も昔も変わらないのです。現代のようにテレビやケータイなどの情報伝達手段がなかった時代でも、私のような東北の田舎の子ども東京の下町の子どももも、めんこ、ビー玉、べーごま、紙風船つきなどほぼ同じような遊びをしていたのです。

いつの時代も子どもたちはその時々に合った遊びを見つけ、楽しんできたのです。竹馬やメンコ、ビー玉の頃もあれば、フラフープが大流行したこともありました。その流れの中で、たまたま現在「ゲーム」なのです。

とはいえ、田舎には田舎だけの遊びもありました。夏にはガキ大将に連れられて、真っ黒に日焼けして小川で魚取り、秋になって里山へ行けば、栗、たわわに実ったアケビや山ぶどうなど何でもありました。また太い藤蔓を揺らして谷川を飛び越えるターザンごっこも。

雨が降れば降ったで男の子はどこかの家の軒下でめんこに興じたり、女の子はのどかな歌に合わせてお手玉や、おはじきに興じていました。

これらの遊びに共通しているのは、まず、大勢の子どもでやっていること、次に異なった学年の子どもでやっていること、そして大きな声を出していることです。

この中でいじめやケンカで泣いたり泣かされたり、これらはつきものです。しかし、子どもの世界にもそれなりのルールがあって、ガキ大将が裁いてくれたりして子ども同士で解決していたのです。

こうした「遊び」によって子どもは、やがて社会に出て絶対に必要な、親にも教わることのできない、また学校の先生にも教わることのできない多くのことを自分が「直接体験」することによって学んだのです。友達に対する思いやりや人と協力することの大切さを、知識としてではなく「事実として」体で覚えていったのです。「子どもは親の目の届かないところでこそ伸びる」と言いますが、まさにこのことを物語っているのです。

私は「ゲーム、即悪」とは考えておりません。問題は一人遊びに長いこと没頭するあまり、「人とコミュニケーションがとれない」、「人と協力することができない」子どもになってしまうことです。私はこの「一人遊び」に偏ってしまうことが子どもの成長にとって良くないと考えています。現在その「一人遊び」の最たるものが「ゲーム」なのです。

ゲームに関する親の悩み

私の調査ではゲームに関するお母さんたちの悩みは次のように大別できます。これは地方とか都会とかの地域差もほとんどないように思います。

①「ゲームを買い与えないと、友達との話題について行けず、仲間はずれにされるのではないか」

②「三〇分という約束がズルズル二時間三時間と延びてしまう」

③「夜遅く帰宅した父親が、子どもを起こして毎晩ゲームをする。そのあおりで子どもは朝起きられないし、食事もしない、学校へ行っては居眠りしている」

④「ゲームは脳の発達を妨げるのではないか」

以下これらについて、私なりにお答えしていきますが、あらかじめ申し上げたいのは問題の本質は「ゲーム」ではなくそれ以前の「しつけ」なのです。

①「ゲームを持っていないことによって仲間はずれにされるのでは…」 親が考えているほど子どもは軟弱ではありません。問題なのは「他の子どもが持っているから」という子どもの言葉に流されてしまう親の姿勢なのです。

子どもにゲームを与えるかどうかは「他の子どもが持っているから」「仲間はずれにされるから」ではなく、親がしっかりとポリシーを持って価値判断をすべきです。これはゲームに限ったことではありません。子どもの成長にしたがって「塾選び」「進学」など親が判断を迫られることが多くなりますが、そのときに「○○ちゃんがあの塾に行ってるから」とか「仲のいい友だちがあの学校に行くから」などというあやふやな基準で判断していては困るのです。言うまでもなく、自分の子どもと他の子どもは個性が異なっているのですから。

もしかしたら「仲間はずれ」を恐れているのは、子どもよりもお母さんの方ではありませんか。子どもは仲間はずれにされたらされたで、そこから何かを学び、意外とたくましく自分の遊びを見つけ、そこでまた新たな友だちと出会うものです。それは子どもが成長するチャンスなのですから、親が摘み取ってはいけません。子どもと一緒に自分も成長するチャンスと考えて欲しいものです。

②「三〇分という約束がズルズル…」　これはゲーム云々の問題ではなく、親と子の間で交わした約束を守らせることができるかどうか、すなわち子どものしつけの問題です。「三〇分の約束が一時間になり二時間となっていく」この状態を「三〇分の約束じゃないの」「二時間もやっているの」と文句を言いながらも、放置している親の姿勢が「三時間」へとつながっているのです。

最も身近な存在である親との約束を守れない子どもは、やがて友達との約束を守れない子、そして、社会の決まりを守れない大人へと成長していく可能性が高いことは前にもお話ししたとおりです。

ゲームが良いか悪いかの問題ではなく、ゲームで遊ぶ子どもを管理できない親の問題なのです。その最たるものが、③の「夜遅く帰宅し子どもを起こして毎晩ゲームをする」父親でしょう。残念ながら「社会の決まりを守れない大人」へと成長してしまったのです。

④「ゲームが子どもの脳に有害かどうか」という問題は、科学的にはまだ明確な答えが出ていませんが、やり過ぎが良くないのはゲームに限りません。読書でもスポーツでも度を超してやり過ぎれば子どもに良くないのは言うまでもありません。

それよりも、約束を守れない子どもにそのままゲームをさせている甘い母親の方が子どもの成長にとってはるかに有害です。

子どもの小遣いを月給制にしていながら「足りなくなってしまった」と言われれば、「絶対に約束は守ると言って月給制にしたじゃないの」とさんざん小言を言いながらも、結果的には子どもの要求を飲んでお金を出してやるのと同じことです。

子どもに甘い親は、ゲームよりも子どもにとって有害です。なぜなら、子どもはゲームとは離れることができますが、親からは離れられないのですから。

ケータイ、ゲームより親が問題

ある日浅草駅で、私はさほど混んではいない電車の中でボックスシートに座り、一人でぼんやりと発車を待っていたのですが、発車間近になって、通路を挟んで反対側のボックスに家族連れが乗り込んできました。

見るとはなしに見ていると、土日を利用しての家族旅行のようです。父親と母親、それに小学校高学年と低学年の男の子の四人家族です。低学年の子のリュックのポケットには地図とペットボトルが見えます。どう見ても楽しい家族のハイキング旅行のようですが、子どもの喜々とした声がするでもなし、夫婦で会話するでもない。もちろん親子の会話もありません。電車が北千住を過ぎた頃、子ども達はどちらからともなくリュックからゲームを取り出して熱中し始めました。同じ頃、父親は新聞を取り出して読み始め、母親はケータイを開き、メールを始めました。化石のようなこの家族の光景は、信じられないことに下今市までの約二時間続きました。唯一聞こえた

のは、「痛いから、足どかしてよ」という母親の声だけでした。

家族旅行とは何なのでしょう。日ごろ忙しくて家族と一緒に食事もできない、仕事に追われ子どもと一緒に話もできないからこそ、家族が一緒に時を過ごし、同じ景色を見て語り合い、楽しい思い出を作り、家族の絆を強めるものではないのでしょうか。

もう私の言いたいことはお分かりでしょう。

ゲームに熱中する子どもよりも、せっかくの家族旅行なのに新聞を読んでいる父親、メールをしている母親の方がはるかに問題です。

この家族に限らず、最近子どもと一緒にいながら母親は子どもを放っておいて一人で長々とメールをしている光景をよく目にします。この間、子どもは所在なげに一人で小石を蹴飛ばしたり、道路に落書きをしたりしている。このような子どもがゲームに走っても仕方がありません。子どもを駐車場のクルマの中に置いてパチンコをする親とどこが違うのでしょうか。

「子どもとゲーム」を論ずる前に、まずは親のあり方こそ考えなければいけません。

5

子育てのための家庭作りの「鉄則」

早く帰りたくなる家庭を

少年課に勤務していた頃、犯罪を行った子、非行に走った子どもに家や家族のことを尋ねると、決まって「ウチが嫌いだ」「家にいても面白くない」という答えが返ってきました。問題を起こした子たちは、共通して家が嫌いなのです。しかしその子たちも、幼稚園の頃は「ママー」「お母さん」と親を慕っていたわけです。それが数年で心が離れていく。「お母さん」と言って家に帰っていた子がいつ、どの時点から、家が嫌いになり、家族が嫌いになったのか、そのあたりを検証してみる必要があるのではないでしょうか。この章では子育ての最も大切な場所である、家庭のあり方について考えていきましょう。

理想の家庭は、和やかで温もりのあるものであることは言うまでもありません。それにはやっぱりお母さんの果たす役割が大きいのです。今は仕事を持つお母さん方もたくさんおられるでしょうから、仕事と家庭の両立は大変でしょうが、何とか工夫し

て、子どもや父親が学校や仕事が終わったら、早く帰りたくなるような魅力のある家庭を作るよう心がけてほしいのです。

忙しい毎日、夫婦ゲンカになることもあるでしょうが、家庭の中で「これが正しい」、「あれはこうだ」と、目くじらを立てて論争しても良いことはありません。お母さんが賢くなって、仮に父親が間違ったことを言っても、たいていのことは「ああ、そうねえ」と、穏やかに返事をすればいいのです。子どもたちも難しい理屈は抜きにして、和やかな家庭を求めているのではないでしょうか。特にものごころのつく年ごろの子どもに夫婦喧嘩を見せるものではありません。お父さんとお母さんが仲良く愛情に満ちている、穏やかな両親の姿こそが、健やかな子どもの成長には欠かせないものです。

些細なことのようですが、家の中が散らかっていたりすると、子どもの心も寒々と育つ可能性が高いようで感心しません。事実、問題を起こした子どもの家に行ってみると、散らかっていることが多かったのです。これも親の責任の一つなのです。

日々の会話の積み重ねが大切

先日、アイスクリームショップでこのような光景を目にしました。若い母親と五、六歳の女の子で、女の子はアイスクリームを食べながら、ときおり母親を見上げるのですが、母親は携帯メールに夢中で、子どもは所在なげにスプーンを口にくわえながら、足をぶらぶらさせておりました。二〇分ほどで帰りましたが、この間、この親子に会話はありませんでした。

しかし、このようなときこそ、静かに親と子どもが会話する大切な時間なのではないでしょうか。親は常に子育て中だということを忘れずに、親として、いま何をすればいいのかを考えられるようになって欲しいものです。小さな日々の会話の積み重ね、これが魅力ある家庭を作るために大切なのです。

親に悪気はなくとも、アイスクリームを食べながら自分だけメールをやっていたりすると、その積み重ねがいつの間にか深い溝を作ってしまうのです。

本書の冒頭でお話しした売春に関わった中学生たちも、最初は「家が嫌いだ」の反動で面白半分にマンションに行ったのです。そこでは、おやつは食べ放題。おじさんが来ると面白い所へ連れて行ってくれて、おいしいものをご馳走してくれる。で、何がなんだか分からないうちに、三万円もらえる。こうなったら子どもは楽しくてしょうがないですね。

家庭の中心はやっぱりお母さん

子どもが帰りたくなる家は、母親が賢い家が多いように思います。子育ては両親でといいますが、それは理想であって、決定的に子どもに影響を与えることができるのはやはり母親だと思います。それぞれの家庭によっていろいろな事情はあるでしょうが、私はこれまでの経験から、子どもたちが求めているのは、理屈抜きで、母親の笑顔と楽しい会話だと確信しています。

ですから父親の存在と協力も必要ですが、まずはお母さんに家庭をしっかり作っていってほしいのです。

私は母親の影響を強く受けました。それは私だけが特別というわけではないと思います。常にいちばん身近にいるのはやはり母親なのですから。母によく言われたものでした。「どうせやるなら早くやれ、遅くやるならバカでもできる」「今日やるべきことを明日にまわすな」「何かやるときは黙ってやれ、ブツブツ言うならやるな」と。ですから今でも節目節目に判断する物差しは簡単で、「これをやったら、おふくろが心配するんじゃないか、悲しむだろうな」「これは、おふくろ喜ぶな」これだけです。

それだけ母親の影響は大きいのです。だから子どもはかわいがってください、かわいがりすぎということはありません。甘やかすのと、かわいがるのは別です。そして必要な時には、叱ってください。これの繰り返しが子育てです。

子ども部屋の与え方

生活が豊かになって子ども部屋を与える家庭が多くなってきました。子ども部屋を与えるのはよいのですが、間違った与え方をしないように気をつける必要があります。現に私は警察勤務の頃、子ども部屋を与えない方がまともに育ったのではないかと思われる事例を数多く見てきております。

忘れないでほしいことは、「個室で子どもは絶対育たない」ということ。人との接触の中でこそ、子どもは育ち、健全な大人へと成長していけるのです。

かつて、こんな話を聞きました。

東葛方面と千葉を結ぶ大動脈の国道一六号線ができたころのことですが、それまでその辺りは田畑の多い寒村だったのに、田畑を売ったために多額の現金が入り、大きな家が増えて環境が一変しました。

それまで子どもたちは、学校から帰ると家の手伝いをして、家族と一緒に汗を流して畑を耕し働いていたのです。長い間それを当たり前のこととして、貧しいけれども家族が支え合って生活していたのです。

ところが、大動脈ができてからは、時代の最先端を行くように家を建て替え、当然、子ども部屋も与えました。欲しいと言えばスポーツカーも買ってやったそうで、子どもたちの環境も一変。家の手伝いもしなくなり、やがては学校へも行かなくなり、朝から晩まで自分の部屋でエレキギターを弾いて遊びほうけている。そのうち子どもは家に寄りつかなくなり、やがて家族の絆はほころんでバラバラになったと言います。

私は他でも、こんなふうにバラバラになっていく家族をたくさん見てきました。もちろん子ども部屋を与えてはいけないとは言いません。問題は与え方です。一歩間違うと家族がバラバラになる原因になりかねません。

父親は子ども部屋で昼寝せよ。母親は持ち物チェックを

子ども部屋の与え方のポイントをお話ししましょう。

まず基本は、常に親の目が届くようにしておくことです。部屋を与える条件として、親が出入りすることを子どもに納得させましょう。子どもが大きくなってからでは反発するでしょうから、はじめが肝心です。

そして、できるだけ父親が、用事がなくても子どもの部屋に出入りして、時には子どものベッドで昼寝をしてみたりしてください。子どもはいやがるかもしれませんが、そういう既成事実を最初から自然に作ってしまうのです。

次に、お母さんは、部屋を掃除するという名目で子どもの持ち物を徹底的にチェックしてください。少々後ろめたいかもしれませんが、子どもの生活が崩れてくる兆候はまずその所持品に表れます。持ち物に変化がないかを観察することです。

子どもが犯罪を行ったりするときは、よくフィルムを逆回しして見るように遡ってみると、必ず兆候があったことが分かります。事件は「ある日、突然」起こることはまずありません。ただ親が気がつかなかっただけ、その兆候を見逃していただけなのです。必ず何かの「兆し」があるはずです。

思い出してください。あの中学生の売春事件が明らかになったきっかけは、お母さんが子ども部屋を掃除していた時に、子どもの日記を見たことだったのです。

内鍵は言語道断

夕食が済むと、ご飯を噛みながらさっさと自分の部屋に逃げ込むように行ってしまう子が多いと聞きます。子どもに部屋を与えるのは時代の流れですから、悪いこととは言いませんが、夕食の後などには、家族で楽しく話し合ったり、テレビを見たり、いわゆる一家団らんの時間をもってほしいと思います。

さらに問題なのは、念入りに内鍵をかける子どもがいるということです。これは言語道断です。内鍵をかけるということは、部屋の中に親の権限、影響力が及ぶことを拒否するということで、いわば治外法権を認めることになります。親がそれを許した時点で、子育てに対する基本的な姿勢を放棄してしまっていると私は思います。

以前、私の関わった爆弾少年の事件をご紹介しましょう。極左勢力が手製の爆弾を爆発させ、多くの怪我人を出したことがあります。捜査を進めてみると、その爆弾を作ったのはなんと高校生。彼は、親が家の中庭に勉強部屋として与えたプレハブ小屋で爆弾を製造していたのです。

その日は彼が学校へ行く前の朝六時過ぎに、捜索令状を持って、当の勉強部屋を捜索しました。「なんでウチの子の部屋を見るんだ。うちの子どもはきちんと勉強をやっている」と両親に食ってかかられましたが、予定通りに捜索を行いました。手製爆弾の材料になる活性炭や農薬のクサトール等が見つかり、出来上がった爆弾も何個

か発見されました。それを見た両親はびっくり仰天して詫びの言葉も出ず、へなへなと座り込んでしまいました。

その子どもは、市内でも有数の進学校に通っていたので、一生懸命勉強に励んでいるように両親の目には映っていたわけです。ところが、勉強部屋は親の知らない間に「爆弾の製造所」になっていたのです。

この高校生の部屋も、親が入れないように内鍵がかけてありました。両親が日ごろから勉強部屋の様子に目を向けていたら、あのような事件にはならなかったでしょう。

これは昔話ではありません。むしろインターネットや携帯電話が普及した今こそ、密室で親が知らないうちに子どもが犯罪に走ったり、巻き込まれたりする危険性は高まっているのです。ですから、部屋を与えるならば、日常的にチェックして管理する必要があるのです。

おこづかいの与え方

お金というものは人間を変えてしまうことがあります。世の中、金銭に絡んだ事件がどれだけ多いことか。仕事柄、わずかなお金のために人生を棒に振ってしまった人とたくさん接してきました。幸せな生活を送るためにお金は必要です。けれども、必要以上のお金は、人間をダメにします。お金がいっぱいあって、人間良くなったなどという例は、聞いたことがありません。

子どもが大きくなっていくと、おこづかいをやるようになります。ある講演会でお母さん方に、おこづかいの与え方は、「月給制」と「必要な時に必要なだけ与える」のとどっちがいいと思いますか、と質問してみたら見事に意見が割れました。

これはどっちが良くて、どっちが悪いということではないと私は思うのです。要は親の考え方がしっかりしているかどうかです。

「月給制」にした場合、「月々いくら」と決めたのに、子どもに臨時出費があると言われると「しょうがないわね」などと言いながらも追加で与えてしまう。これがまずいわけです。絶対に追加補助をしないでください。子どもの金銭感覚をルーズにするだけです。しっかりした子は、その日のために、月々いくらかずつでも蓄えるわけです。そういう子にしないと「泣きつけば、ママは小言を言うけど必ずくれる」と、なめられてしまいます。

金銭感覚のしっかりした子どもに育てていく。ただおこづかいをやるのではなく、これも子育ての一環なのだという姿勢でやることがとても大切です。金銭感覚のしっかりした子は、他の面でもしっかりしている例が多いと思います。

おこづかいは、金銭感覚と同時に決められたこと、約束をしたことは守らなければいけないということをあわせて教えるための最適な教材なのです。

付け焼き刃がきかない「あいさつ」の大切さ

朝起きて、「暗闇から牛」みたいにのこのこ出てきて、いつの間にか背中を丸めてご飯を食べている、というような節目のない生活は、ふしだらな人間になる第一歩です。起きたら、「お母さん、おはよう」「お父さん、おはよう」。食事の前には「いただきます、わあ、おいしそう」とか、必ず声を出す習慣を身につけさせましょう。

あいさつはすべての基本です。

人との出会い、一日の始まり、すべてあいさつで始まります。大きな声でしっかりあいさつができない子は、大人もそうですが、私は何をやってもダメだと思っています。

子どもにはしっかりあいさつをさせるようにしてください。

これは世の中に出ても大切なことです。社会人はどこで評価されるのか。「仕事ができるか、できないか」これも大きい。ところが評価の落とし穴、それがあいさつです。会社の寮の食堂などで、「あいつは仕事はよくやるんだけど、食事の時『いただきます』も言わない。作ってくれた人に感謝の言葉もない。気に食わない若者だよ」とこういう評価を受けることになる。「おいしい」と思って食べていても、それを言葉に出さなければ人には分からないのです。

それを誰が教えるか。親がしっかり教えるしかないんです。そうでないとやがて子どもが恥をかくことになる。仕事は努力すれば何とかなる。けれども、あいさつをきちんとしたり、何かを頼まれたら「はい」と返事をして、同時に立ち上がってそれをこなす。簡単なようですが、こういうことは付け焼き刃がきかないのです。子どものときからの習慣なのです。

よい習慣は一生の宝。それが今なら身につきます。

家族の記念日

温かい家庭作りの第一歩として、どの家庭でもすぐにできて効果的なのは、家族の記念日を大事にすることです。例えば、「今日はパパのお誕生日よ。だからみんなでパパの好物を作りましょう」とか、「○○ちゃんの生まれた日だからおいしいものを食べに行こう」とか、内容は特別に贅沢である必要はありません。普通の日と違う特別な日を作るのです。子どもの前でママがパパにプレゼントしたり、またパパがママにプレゼントしたりする。そうすれば、やがて子どもが大きくなった時に、お母さんの誕生日には、忘れずに花を贈ってくれる子どもになるのです。そういうことができる子に育てるために、小さい時から特別な日には、家族一緒に何かするのだと決めておくのです。そうすることで家族の絆が強くなります。

それでなくとも子どもが大きくなるにつれ、徐々に家族の絆は薄くなっていくものです。子どもが就職して年に何回も会えないような場所に住むようになったとしても、心の糸が切れない家族というのは、小さい時の思い出の積み重ねが基にあるのです。だから、家族の記念日には、ぜひ父親にも参加してもらいましょう。仕事の都合でどうしても参加できないこともあるでしょうが、家族の誰か一人でも欠けたら意味が薄くなりますので、お父さんにもよく理解して、協力してもらうことが大切です。

私の友人の家では、両親が「非常招集」をかけると、必ず家族全員が集まって、貧しい昔を忘れないために「すいとん」を食べることになっていたそうです。そのことを彼は「我が家の自慢だ」と話してくれました。形にこだわることはありません。それぞれの家庭のスタイルにあった、無理しなくてもできることを始めてください。子どもが大きくなるとできなくなるだけに、やってみる価値があるのではないかと思います。

少年を立ち直らせた粘土細工

「家族の絆」の強い子は何があっても立ち直ることができます。いわゆる「復元力」があるのです。親は子どもを育てながらこの力を身につけさせることが大切です。そのためにはどうしたらよいでしょうか。

まずは、遊びでも家事でも何かする時には、できるだけ子どもと一緒にやるよう心がけてみてください。粘土細工や折り紙など、お母さんが一人でやれば早いでしょうし、上手にできるでしょう。けれども手間がかかっても、時間がかかってもいいから子どもにもやらせてください。大事なことは親と子どもが一緒に一つの作業をすることなのです、結果じゃないんです。一緒にやるという、そのプロセスが大切なのです。親子で「さすがお母さん、早いね」「こうすれば上手くできるのか、ありがとう」といったやりとりを積み重ねることにより、やがて大きくなっても、親を親として尊敬する子どもになっていくのです。

私は講演などで「一緒に作った粘土細工などは、捨てないでずっととっておいてください」とお話ししています。というのも、以前こんな出来事があったからです。

友達にひきずられる形で悪いことをやって、警察の世話になった高校生がおりました。その子が警察に連れていかれる朝、部屋を出る時にふっと見たものは、その子が小さいときに母親と作った茶碗でした。お母さんと旅行に行ったときの茶碗作りの体験教室で、一緒に作った変な格好の茶碗を自分の机の脇に飾っていたのです。

彼は立ち止まって、「あっ、昔お母さんとこれを作ったんだ」と、涙をとめどなく流しながら言いました。粘土だらけになって二人で一緒にろくろを回して作った日のことを思い出したのでしょう。彼は「自分はとんでもないことをやってしまった」と、ようやく我に返ったようでした。警察でも「私は母親に愛情を注いでもらって育ったことを忘れていた。こんなことをやってしまって、申し訳なかった」と反省の弁を述べました。幸い少年院送りにはならず、家に帰ってからは本当に周囲がびっくりするほど良い子になりました。粘土細工が自分を立ち直らせてくれたと言うのです。

　このように軽い気持ちで作ったものが、忘れかけていた家族の絆を呼び戻すきっかけとなり、一人の子どもを救うこともあるのです。

　絵本を読んで聞かせたり、昔話をしたり、童謡を歌ってやったりすることも同じです。形には残りませんが、そのときの親のぬくもりは頭ではなく体で覚えています。

　そのようにして培われた絆は、長い年月がたっても消えることはないと思います。

6

Q&A 親としての心得

この章では、ここまで述べてきたことに補足しながら、お母さん方からよく相談される子育てのポイントについてまとめてお答えしましょう。

Q「子どもが反抗期で大変です。夫の帰りも遅く、私もヘンになりそうです」

A 子育てでノイローゼになって、子どもをダム湖に投げ落として、自分も首を吊ったというお母さん、今まで何人かそういうケースを見てきました。共通して言えることは、みんな視野が一点になってしまって、まわりが見えなくなっているということです。こんな時に、家におじいちゃんやおばあちゃんがいたら、あるいはそういう心の悩みを打ち明けられる人が身近にいたなら最悪の事態にならずに済んだのに、とつくづく思いました。

良い子だったのに、ある日突然ぐれる子がいます。突然どこかのチャンネルが狂ったようになる子もいます。そのような時に、いつも相談に乗ってもらえる人を身近に持っていることが非常に大事なことです。

例えば、何かあった時にいつでも相談にいける主治医がいると安心なように、いざという時に頼れる存在、子どもについて相談に乗ってくれて、適切な処方箋を書いてくれる人を知っておくのはとても大事なことです。

何かあった時に相談できる人、これがないと解決の選択肢が狭くなるのです。「うちの子、まったく心配なしよ、ひとつも親に心配かけない」などと言える子どもがそういるはずはありません。子どもは親に心配のかけどおしで、親の方も子育てでは、ああだのこうだのと手探りの状態でやっているのが現実だと思います。時にはしくじりもあるでしょう。それもいいのです。それらの中から親子ともども勉強していけばいいのですから。ただそういう時に相談できる人が必要なのです。

話してみれば道は開けます。「本当に自殺しようと思いましたよ」と、おっしゃるご両親と話をしたことがあります。新しい土地へ引っ越して相談する人はいないし、特に若いお母さんは、そこでの生活の根が浅いために相談する人を知りません。それでどうしても選択肢が少なくなって「私にはもう何も残っていないんだわ、枝振りのいい松を探そう」などとあらぬことを考えてしまったようです。幸い自殺には至らなかったのですが、枝振りのいい松を探す前に、できることがあることに気付いてほしいのです。

これは現代社会における子育ての大きな問題点の一つです。最初から子育てのベテランだという人はいません。ですから、若いお母さん方が問題にぶつかった時、どう対応したらいいのかと迷うのは当たり前のことです。大切なのは、「あの人に相談しよう、この人に聞いてみよう」と一歩踏み出す勇気を持つこと。そうすれば死ぬことを考える前に、何らかの選択肢に出会うことができるのです。

Q 「『ひきこもり』にならないためには、どうすればよいのでしょうか」

A ひきこもりの子と一緒に住んでいる人を知っています。子どもといっても三十五、六歳になる男性です。家ではわがまま放題、お腹が空けばどんぶりご飯にマヨネーズをたくさんかけて食べている有様で、れっきとしたメタボリックの正規軍になっています。働きもしないで音楽を聴いて、毎日遊んでいるだけで外には一切出ない。母親が死んだら生きてはいけないのにどうするのでしょう。他にも母親の年金が入った時を見計らうようにやってきて、親を殴っては年金を全部持っていってしまう子どもの相談を受けたこともあります。

情けない話ですが、でも、その子を育てたのは誰なのでしょう。

本書第二章で申し上げたとおり、叱って、たしなめて、諭すのが親の役目です。子どもが「だって、お母さんだってこうじゃないか」と反発するようではいけません。親と子は対等ではないのです。お母さんがしっかり意見した時には、「はい」と聞く子に育てなければいけません。子どもをちやほやして、腫れ物に触るように育てていると、いつの間にか手に負えない王様になってしまいます。

ここをしっかりしないと、叱られて、たしなめられて、諭されたときに、素直に「がんばろう」という気持ちになれる子どもに育たないのです。だだをこねて先生を困らせるとか、家に帰ってわがままを言って自分のしたいように親に甘えるとか、そういう子どもになってしまいます。幼稚園ならまだいいのですが、小学生、中学生になってくると、「何でこういう子に育てた」「親が悪い」と食ってかかる、親を殴るような子どもになってきます。やがて、外にはどうしてもなじめない、わがままが通せるところ、つまり家がいちばん居心地がいいということで、ひきこもり状態になります。

子育ては五年、一〇年では終わらない長い長い道のりだということを十分に頭に入れておくことが重要なのです。

Q 「子どもがもうすぐ中学に上がるのですが、まだ間に合うでしょうか」

A

私が見てきた経験から言いますと、個人差はありますが、ちょうど中学生になった頃から母親を見下し始めます。子どもが大人になる節目はいくつかありますが、小学校から中学校へ上がる時期が、親が主導できる最後の節目だと思います。

子どもにとって、小さい時ほど母親は絶対的な存在なのです。生まれてきても、お母さんがいなかったら生きてはいけません。その時期にしつけることが大切です。子どもがだんだん育ってきて自我に目覚め、いろいろなことが自分でできるようになると、それまで見上げてきた親を、だんだん対等に見、そして下に見るようになり、やがて完全に見下すように成長してきます。

親よりも子どもが伸びるということ、これは親にしてみれば幸せなことですね。いわゆる「親勝りの子」と言って、本当は喜ぶべきことなのです。ただし、その時までに親の言うことをきちんと聞く子に育てておかないと、手遅れになってしまいます。

私は中学校の入学説明会での講演でも、「ここが最後のチャンスです。後々まで親の影響力を行使できる子に育てられるかどうかは、今にかかっている。ここが『子育ての胸突き八丁』ですよ」とお話ししています。

また、「親に人間力をつけてほしい」ということも付け加えてお話ししています。

子どもが幼稚園から小学校、そして中学校へと進むにつれ、学区も広くなり、自転車も覚える、体力もついて行動範囲が日に日に広くなります。また、語彙も豊かになり友人も増え、驚くほど早く成長していきます。子どもとともに親も同じ早さで成長しないと不幸です。子どもは親と話していても、もの足りなさを感じるようになり、親から離れ始めるのです。そして親を見下しバカにするようになるのです。

こうならないためにも親は忙しくても趣味をもち、そして趣味を通じて友人をもつことが大切です。

子育てをしながら親も成長し、「人間力」をつける必要があるのです。

Q 「キレない子にするためには、どうすればよいのでしょうか」

A 少し前のことですが、新聞で「キレる小学生」という記事ありました。小学生の暴力が止まらないというもので、平成一七年は、公立小学生での校内暴力、子どもに対する暴力、先生に対する暴力などがなんと四六四件で、前年より三八パーセントの増加、子ども同士の暴力も九五一件あったそうです。他に机を壊した、壁をぶち抜いた、ガラスを壊した等々が五八二件ありました。「学校」という目の届きにくい世界に、お母さん方の知らない子どもたちの一面があることが分かります。

なぜキレるのか。

子どもと言わず大人でもそうですが、そもそもあまりにもすべてに恵まれていると、人間というものはたくましくなれません。いわゆるハングリー精神というのものが芽生えないのです。生活は豊かになって、子どもの数は少ない。ついつい子どもを甘やかしてしまう。甘やかしているという意識はなくとも、一つひとつを結果としてみると、甘やかしてしまっているのです。

また、一方に偏った考え方しかできない子どもが多くなっています。何か起こってもすぐ諦める、泣きじゃくるだけで、正しい方向へ持っていく努力をしようとしません。中学生、高校生あたりで特にそういう傾向が顕著です。どうかすると子どもが結論を出す前に、焦った親が出しゃばってしまうから、ますます考えなくなってしまいます。

まず子ども自身に考えさせる習慣をつけることです。

そのためには、子どもたちのまわりで何かが起こったら、例えば友達を殴ったとか、喧嘩をしたなど問題が起こったら、ただ叱るのではなく、子どもと一緒になって真剣に、それもできるだけ穏やかに、原因について話し合うことが必要です。結論が出れば対応の仕方も決まりますが、子育てにおいては結論を出すことよりも大事なことは、子どもと同じ目線で真剣に語り合ったという事実です。

公園のベンチでアイスクリームを食べながらでも結構。特に小さい子どもと一緒の時などには、子どものさり気ない振る舞いにも注意して、視線をそらさないで話しましょう。子どもというのは親が思っている以上に敏感ですから、質問などにはできるだけ丁寧に応じて、決してはぐらかしてはいけません。そういう一瞬一瞬が貴重な子育てなのですから。

そうした対話を積み重ねて、親と子の絆を深めていくことは、子どもに自分で考える習慣を身につけさせ、何か問題にぶつかったときに、すぐにキレない子を育てるためには大切なことなのです。

そもそもキレるのは子どもだけなのでしょうか。

幼稚園での話などを聞いてみますと、「この子はピーマンが嫌いだから、園でも食べさせないでくれ」という親がいるそうです。私も小学校の先生から「あの子とはそりが合わないから別のクラスにしてくれ」という親へどう対処したらよいか、などといった相談をよく受けます。

どこか世の中のたがが外れてしまったとしか思えません。

「あの人、気に入らない」と言って、一生そういう自分勝手な物差しで測って、生きていけるでしょうか。大学を卒業し、就職すれば、先輩社員の中に気が合わない人がいることもあるでしょう。そんなとき「あの先輩が嫌だから何とかしてくれ」などという話が通るはずはありません。どこへ行っても、嫌な人とでも、付き合わなければいけないのが世の中です。学校はそれを訓練する場所なのです。

この頃は、自分では何もしないで、人に求める風潮が強くなっています。誰かがやるだろうと他人を当てにして、自分では行動しない、考えることもしないという自己中心の人たちが増えてきました。

大人がこれでは、子どもがおかしくなるのも当然ですし、子どもにどうこう言う資格はありません。

私は「国民が国に対して、『あれをやってくれ、これをやってくれ』と求めるのではなく、国のために自分は何ができるかということを考えてほしい」と言ったアメリカ三五代大統領の就任演説の言葉が好きです。このことは、友達でも、会社という組織であっても、地域のグループであっても、当てはまることではないでしょうか。

身近なことでいえば、「あの友達は私に何もしてくれない」と愚痴を言うのではなく、「友人のために自分は何ができるのか」を考えることが大事なのです。そういう努力をすることがよい友人に恵まれ、自分も相手にとって本当によい友人として認められることになるのです。そういう輪を広げ、協力し合って子育てに臨めばよいのではないかと考えます。

Q 「何度叱ってもまた同じことをするので、イヤになってしまいます」

A 子育てを現在進行形でやっていて、「あの時叱ったら、分かったと言ったのに、また同じことをやってるよ。ちっとも分かってなかった」ということがよくあるでしょう。でもそこで怒っても仕方がありません。子どもとはそういうものなのです。子どもどころか、人間とはそのようなものです。だから「あの時、分かったって言ったでしょう」、そういう理屈は子どもには通用しないのです。「なぜ分かったって言ったのに、またやったんだ」と言いたくなる気持ちは分かりますが、そんなことが分かるぐらいなら、罪を犯す大人だっていないわけです。

子どもとはそういうものだということを忘れていると、つまらないところで子どもを叱ることになり、ストレスがたまる一方です。例外なく、みんな誰もが子ども時代を送ってきていながら、自分が大人になると、本当に自分に都合が良いように、子どもの時のことを忘れてしまうのです。それが人間なのかもしれません。「ママが子どもの頃、そんなことしなかったよ」なんて言ってるお母さんのことを、そのおばあちゃんに聞いてみると、もっと悪かったりしてね。よくあることです。

Q 「女の子なのに性格がきつく、言葉遣いが乱暴で困っています」

A

子どもというのは親を見て育つものです。身近な親とはまずお母さんですから、その母親を見習いながら育っていきます。

お母さん方に、「どういう子どもに育てたいですか」と聞きますと、大抵「いつも笑顔を絶やさない、にこやかで誰にでも好かれる子に育てたい。お嫁に行ったら旦那さんと仲良く、にこやかにしてほしい」とおっしゃいます。そう言いながら、旦那さんが少し遅く帰ると「何やってたのよ、今まで」などと、子どもの前で目を三角にして口論したり、ろくに事実確認もせず、学校へ怒鳴り込んだりするようでは困ります。子どもは親が考えている以上に、親をよく見ていることを忘れないでください。

最近よく電車内やバス停などで大声で言い争いをしている人を見かけます。聞いていると、取るに足らないどうでもいいようなことが原因だったりします。全体に日本中がささくれ立っているのではないでしょうか。もっとゆとりをもって相手の立場になればよいのではないでしょうか。

「子どもがキレる」というけれども、こういう大人の中にあって、子どもだけゆとりをもてるはずはありません。「子どもは大人を映す鏡」です。大人や親たちが人のため、友人のため、社会のためにいろいろな意味で貢献していれば、子どもたちはそれを自分たちの柔軟な心に素直に反映させて育っていくのです。

子育てのすべてについて言えることですが、特に家族思いの子、穏やかな子、人に親切にできる子になるかどうかは親の影響をとても強く受けるといわれます。いろいろな場面で親を見て子どもは育つわけですが、とりわけこういう面は、よく親を反映するようです。穏やかな子に育てたいと思うなら、お母さんは穏やかに子どもに接することが大切です。また、子どもは親をよく見ていますので、友人との付き合い、学校との付き合いの場面でも気をつけることです。

「あんた、それで何やったの」と言えば、「そんなこと言ったって」と、いわゆる売り言葉に買い言葉になります。でも、穏やかに「あなたがそうやったんだから、何かあったんでしょう。お母さんに話してごらん」と、こちらが穏やかに言えば、子どもも穏やかに受け止めるはずです。子どもは自分から折れるほど成長していませんから、育てる側の親がリードしなければいけません。

お母さんの立場からすれば「何でこんなことやったのよ」と、心中穏やかでいられないことも多いでしょう。それが普通の親なのです。でも、子どものことを考え、子育てに真剣に向かう時間が長くなれば、ガミガミ言う回数は自ずと減ってくるものです。

Q「男の子なのにゲームばかりやって、元気がないのが心配なのですが」

A 最近は、親に言われたことしかできない子、あるいは最初からあきらめてしまって、それを自分で乗り越えようとしない子、そんな子どもが非常に多いですね。前向きな子にするために、親はどうすればいいのでしょうか。残念ながら無気力な子が明日から急に前向きになれるような特効薬はありません。ここまで申し上げてきた子育てのポイント一つひとつの積み重ねがまず必要です。

ではなぜ現在、前向きな子どもが少ないのか、ひきこもりやニートが社会問題になるのか、その原因を考えてみますと、やはり言えることは社会構造の変化です。一言で言うと「豊かになり過ぎた」ということに尽きるでしょう。こういう豊かな世の中では、子どもたちが無気力になってしまうのは当然なことなのです。

私が子どもの頃は、日本全体が貧しい社会でした。おもちゃなど買ってあげるほど豊かな家はそうありません。ですから、おもちゃはみんな自分で作ったものです。プラモデルなんて売ってません。木を削って自分で舟を作り、それを浮かべて遊ぶ。そうやって自分でナイフの使い方も覚えたものです。

おやつも、今は黙っていても、お母さんが時間になると「はい、おやつ」と買って与えてくれる。子どもは何の苦労もしないで、ゲームやって遊んでいるうちにおやつがもらえる。昔はそんなこと誰もやってくれませんでしたから、山に行って山ぶどうを採って食べたりしました。それも後れをとると、他の子に採られてしまうので、授業中も、帰りにはどこの藪へ行こうかとか、どうしたら誰よりも早く山ぶどうを採れるかとか、そういうことで頭がいっぱいで勉強なんてやるはずがない。帰りの道草のことしか考えていませんでした。そうやって桑の実を採って食べたり、あけびを採って食べたりしました。蜂蜜も、自分でミツバチの巣を突き止めて、蜂に刺されながらとって、巣をしぼって蜂蜜をなめる。私たちはそんなことやりながら、いろいろなことを覚えたのですが、今の子にはそういう楽しみがなくなってしまいました。

まず、学校を出たら、通学路から絶対に外れてはいけない。東京のある小学校では、子ども全員のランドセルにＩＣタグが付けてあって、子どもの居場所が自動的に親に通報されるようになっています。こうした取り組みが、危険な現代社会において、最も確実に子どもの命を守る方法なのは確かです。

しかし、このように管理された環境では、子どもは何も覚えられません。

今の世の中の方が便利で、恵まれている点が多々あることは認めますが、子育ての環境という点で言えば、失われたものは大きいと感じています。

昔は自然の流れの中や家全体で、また地域全体で子育てをやっていたのです。だから子育てなんて意識がなくとも、子どもはいつの間にかたくましく育っていったのです。

盆踊りなどがありますと、青年団の人たちが集まって、各家庭から何本かずつ丸太を集めてきて太鼓のやぐらを作り、そこで太鼓の練習をしたり、終わった後、みんなで飲み会をやったり。そんなとき子どもは、その辺を駆け回りながらも、「大人ってこういう口のきき方をするんだ」とか、「飲む時にはこういう席順で座るんだ」とか、そういう大人のルールを生活の中で覚えたのです。

ですから、今、子育て現在進行形のお母さん方と接していると、本当に大変だなとつくづく思います。「子育てをしているんだ」という意識を明確に持たないと間違ってしまう。しかも困ったときに助けてくれる家族や地域社会も小さくなってしまっているのですから。

とはいえ、いたずらに昔を懐かしんでも仕方がありません。昔と同じものはないにしても、それに代わる形で、疑似的にでも生活体験できる機会をできるだけ多く与えることが大切だと思います。実際そうしたことへの意識は、高まっているように思います。ちなみに私も、幼稚園で手打ちうどん教室をやったりしています。子どもたちとお父さんお母さんみんなでわいわいがやがやうどんを作って、太いのやら細いのやらを一緒に食べる。それだけで大喜びです。そこで子どもたちは楽しいだけではなく、いろいろなことを学んでいるようです。ささやかな試みですが、こうした取り組みを積み重ね、広げていけたらと思います。

Q 「うちの子は何をするのも遅くて先々が心配です」

A

あるところで聞いた「桜守り」の話をご紹介しましょう。こんな話です。

古来桜を育てる人は、「桜守り」と呼ばれてきた。子守りをするように桜を見守り、励まし、世話をし、一緒に四季を重ねていく人のことである。守りをする人は木をいじりすぎない、基本は放っておく。しかし根は枯らさない。細かく見ながら、大きくなるのに任せていく。

木は生きものである。機械ではない。同じ桜でも、一本一本それぞれ違いがある。育ってきた環境も違う。だからこうしたらうまく育つという教科書はない。その木の性格やくせをよく知って、それにこちらが合わせて、温かく守りをするしかない。

子どももみんな違う。それぞれにその子だけのその子らしい花がある。木を育てるのも、人を育てるのも、育てるためには育ってくるのを信じて待つ忍耐が必要なのだろう。

今、どんなに成績が悪くとも、どんなに手に負えない規格はずれの子でも、将来どんな面白いこと、素晴らしいことをする人間になるか分からない。

そう信じる愛情の深さの分だけ、子どもたちは伸び伸びと生き抜く力という根っこを、張り広げていけるのではないだろうか。

非常に含蓄のある話ですね。私は子どもを育てるスタイルは家庭の数だけあるし、子どもの育て方は子どもの数だけあると言いました。一人ひとりが違うし、小さい時から自分の良い面をいっぱい出せる子もいれば、晩生《おくて》で目立たない子もいます。成長してから才能の花を咲かせる人、なかにはこの世を去る直前に花を咲かせるという人もいるのです。ですから前にも申し上げましたが、子育ての段階で「あの子ができるのに、何であなたはできないの」「お兄ちゃんができたのに、何であなたはできないの」などと、人と比較することは絶対に言ってはいけません。

ともかく子育てでは親の「焦り」が禁物です。なぜ焦るのか。それは比較するところから生まれます。焦るあまり親が手を出し口を出す。すると一人では何もできない子どもになってしまう。その子どもをまた比較して焦る、手を出す……。この悪循環が子どもをダメにしてしまうのです。長い目で温かく見守ってあげることです。

Q「子育てが思うようにいかず自信が持てません」

A 自信がないのが当たり前です。むしろ子育てで「私は万全よ」と自信過剰のお母さんは、もうその時点で間違っています。「これで良いのだろうか」「叱り過ぎかもしれない」「子どもが萎縮しやしないか」と常に試行錯誤を繰り返しながら子育てに力を注ぐお母さんの方が正しいと思うのです。

毎日の子育ての中で、理想通りにいかないことが多いと思います。後で振り返ってみると「感情に任せて叱ってしまったな」と思うことも結構あると思います。そう思ったら、前にご紹介した「なり直し」をやってみてください。叱りっぱなしで相手に不愉快な思いをさせたまま事を終わらせないで、相手が子どもだったら「お母さんの言うこと分かった？ きつく言ってごめんね。でもお母さんはこういう気持ちで言ったのよ」とよくよく理解させて、最後は必ずしこりを残さない終わり方をすること。これは子育ての鉄則の一つです。絶対に後味の悪い終わり方や、喧嘩別れをしてはいけません。

そうすることで子どもの気持ちも安らかになり、「明日からまたがんばろう」という気持ちの切り替えになります。また、子どももこうした経験を重ねると、友達同士でいさかいを起こした時などに、「なり直し」ができるようになるのです。

自分の子育てが下手だなんて、お母さんが落ち込むことは、まったくありません。野球選手だって打率三割なら一流プレーヤーです。少なくとも、こういう本を手に取っているというだけで、相当真剣に子育てをしている証拠です。その気持ちは必ず子どもに通じます。以心伝心と言いますが、いちばん伝わるのは親了です。理屈で分からなくても肌で感じるのです。そういうことの積み重ねが親子関係の基盤であり、家族思いで、思いやりのある子どもを育てるのだと思います。

7

まとめ

星流「子育ての鉄則」六箇条

最後に鉄則中の鉄則をまとめましたので、ここだけでも時々読み返すようにしてください。きっとヒントが見つかるはずです。

第一条　子育てに正解はありません。比較は厳禁です

子育てのスタイルは家庭の数だけあるし、子どもの育て方は子どもの数だけあるのです。ですから決して隣の子と自分の子どもを比較しないでください。何か月経ったらこのぐらい、何年経ったらこのぐらい、という目標値はありません。学校であれば、目標が指導要領などで全部決められていますけれども、子どもは一人ひとりを見ると「晩生《おくて》」もいれば「早生《わせ》」もいるのです。

自分の子がどうなのかということはお母さんだって、まだよく分からないと思うのです。早熟かもしれない隣の子と比較してしまっては、子どもがかわいそうです。

乱暴な子もいるでしょう。この子が大きくなってどうなるか。そのまま乱暴な子もいます。だけど、直る子もいるのです。一人ひとり個性が違いますから、絶対に比較

しないでほしいと思います。比較すると当然結果として最もいけない「焦り」につながります。

第二条　少し距離を置いて待つ「ゆとり」をもってください

「ゆとりを持って待たなければいけない」ということは、いろいろな育児書やテレビなどでもよく言われていますから、お母さん方も知識としては理解しているのです。でも「自分も待てない母親の一人だ」ということに、なかなか気付かないのです。一般論としては理解しているが、自分の子どものこととなると、分からなくなるものなのです。そこをよく認識していただきたい。

例えば、子どもが「ああやりたい、こうやりたい」という時に、「ダメよ」とすぐに親が決めつけないことです。やらせてしくじっても、今の世の中、大抵のことはやり直しがききますし、修復が可能です。その修復する過程で子どもはいろいろなことを学ぶのです。長い目で見れば、そのしくじりは子どもにとってプラスになるわけで、そこに子育ての意味があるのです。

やらせてみてうまくいけば、ほめればいい。しくじったら一緒に修復すればいい。やらせもしないで、「それはダメよ」と言ってしまっては、何かを考えて、自分でやってみるという、子どもの意欲や好奇心の芽を摘むことになってしまいます。

第三条 ほめる時は大勢の人の前で、叱る時は人のいない所で

これはお母さん自身のことを考えれば分かると思います。何かミスした時に、大勢の人の前でそれを指摘されて楽しい人はいません。これは、年齢や国籍に関係なく、人間共通、万国共通です。どんな小さな子どもにもプライドはありますから、友達と遊んでいる時にそこで叱られれば、親は忘れても、叱られた子どもは一生忘れません。親子間の命取りになることさえあります。親がさりげなく言った一言でも、子どもは傷つきます。前に言いました、「口は斧を持つ」です。

第四条 追い越される日に備え、親も成長するよう心がける

いつの日か、親は子どもに追い越されます。それは喜ぶべきことなのです。けれども、追い越され方が問題です。大体中学の二、三年から高校生あたりにかけて、母親は追い越されることが多いようです。その時大事なのは、子どもにとって、母親が頼りになる存在であり続けることなのです。

今までお母さん方のアンケートなどを読んで感じるのは、多くのお母さん方が、子育てを通じて自分も成長していこう、という意識を持っていることです。それが行間から伝わってきて嬉しいです。当然そうした意識は子どもにも伝わります。頼りになる存在であることが自ずと伝わるのです。それがないと子どもにバカにされるようになる。すると、親は歓心を買うために迎合するようになるのです。

そうなってしまうと、もうその時点から子育てはできません。子どもが主導権を握っているのですから。いくつになっても、「お母さん」、「ママ」と頼りにされるた

めには、今から自分を追い越した時の子どもを想定して、ものごとに対応していかないとダメだということです。

第五条 「なり直し」を忘れずに。子どもと話す習慣を

繰り返し申し上げた「なり直し」——意見が食い違った時などに、そのまま終わらせず、必ずフォローして納得させる——、これを忘れないでください。これを積み重ねれば、子どもも人にムリを言った時はこういうふうにすればいいのだと、経験から覚えていきます。言葉のキャッチボールは、人とのコミュニケーションがとれる、語彙の豊富な、たくましい子どもをつくります。

今の子どもは、人とのコミュニケーションがうまくとれないと、小学校、中学校の先生方から相談を受けることがあります。確かに友だち同士で集まっているようでも、よく見ると、お互いろくに会話もせず、全員が携帯電話で一生懸命メールをやっているのです。

これは、幼い頃から会話の習慣が身についていないためです。できるだけ子どもと会話をするよう心がけてください。子どもは意外とお母さんと話をすることを楽しみにしているのです。昼間何か注意したときなどでも、寝る前に親がなり直しで語りかけてあげると、子どもは精神的に安定しますし、会話の力も自然に磨かれていきます。

第六条　話し合える友人、相談できる人をいっぱい作る

これは、子育てに限らず言えることですが、人間は一人でできることに限りがあります。何かあった時に助けてくれる、相談できる、話し合える、そういう人をできるだけ多く持っていることが大事です。何か困ったときには、人に話すだけで楽になりますし、話したことで自分の考えを整理することができます。それだけではありません。一人で困っているのではなく、友達とにこやかに話しているお母さんを見ることで、子どもも精神的に落ち着きます。その影響は意外に大きいのです。

人と話すことが苦手なお母さんもいらっしゃるでしょう。何か構えてしまって、

思ったことを素直に話せない。また穏やかに話せず、すぐ口角泡を飛ばして自説を主張する人もいます。でもそれでは世間が狭くなってしまいますし、その影響で子どもも世間の狭い人間に育ってしまいます。

先日も生後二か月の、自分の子を殺してしまったお母さんがいましたが、そのお母さんは六年前に越してきた団地で、付き合っている人が一人もなく、町内の集まりにも一度も出たことがなかったそうです。そうすると、やはり内へ内へとこもってしまいます。自分のため、そして子どものために、いろいろな集まりに出て、いろいろな人と知り合い、その縁を大事に紡いで、大きなものにしていくよう心がけましょう。

以上、私なりの子育てのポイントをまとめてみました。ぜひ、明日からでもできるところから実行してみてください。ただ、親が良かれと思ってやったからといって、すぐに子どもにその効果が現れる訳ではないということも覚えておいてください。親の求めるスピードで子どもが進める道理はないのです。回り道して行く子、最短コースで行く子、いろいろな道筋をたどって成長するのも、その子の個性なのですから。

あとがき——ほめて叱って子育て楽しめ

子どもは、育てたいようにはなかなか育ちません。「育てたように育つ」ものです。黙ってみていれば自然に育つものを親が変にいじくり回してかえってダメにしていることも多いのです。子どもは親が考えているよりも、はるかに正しく伸びる力を持っていると思います。それを親が「これはいけない」「あれもいけない」「どうしてこんなことできないの」と焦るあまり、せっついて子どもをつつき回してしまう。これでいじけてしまい、何もできないダメな子になってしまったケースが非常に多いのです。

「うちの子はいつもイライラしている、夜中に突然起きて大泣きをする」と、相談を受けたことがあります。その後しばらくしてそのお母さんが体調を崩して入院し、父親と祖母との三人暮らしになった途端、その子どもは普通のいい子に戻りました。何のことはない、お母さんのイライラ、ピリピリが子どもに伝染していただけなのです。

最近、お母さん方の子育ての相談を受けていると、「子育ては大変だ」「思うように子どもが言うことを聞かない」「どうしたらいいのかまったくわからない」と眉間にタテ皺を寄せて悲観論ばかり言う方が結構いらっしゃいます。正直、こんなお母さんといつも一緒にいたのでは、まともないい子までおかしくなるのではないか、と心配になることもあります。幼稚園児や小学生くらいで、親の言うことを常に正しく理解し、「ハイ、お母さん」などと言う子はそうザラにはいないのですから。

親は楽しみながら子育てをしなければいけません。子どもにとって何よりも大事なのは、母親の優しい笑顔と温かいほめ言葉なのです。子どもがいいことをしたときは、自分の子なんですから、誰に遠慮がありましょう、ギュッと抱きしめて子どもの耳元で優しくささやいてください。「ママはあなたが大好きだからね」と。そしてこれをずっと繰り返してください。良い音楽を聴かせたり、絵本をいっぱい読んであげることも同様です。子どものときに体にしみ込んだ母親の温もりは、大人になっても永久に忘れないはずです。難しい顔をして理詰めで子どもにせまるよりもその効果は大きいはずです。絶対に。

私は、講演の終わりにはいつもお母さん方にこの言葉を贈ることにしているのです。

「ほめて叱って子育て楽しめ」

この言葉をこの本を読んで下さった皆さんにもお贈りしたいと思います。

今回、本書を上梓するに当たっては、多くの方々から貴重なアドバイスをいただきました。心から御礼と感謝を申し上げます。特に大修館書店の伊藤進司氏には大変お世話になりました。この場を借りてお礼を申し上げます。

平成二一年七月七日

星　幸　広

[著者略歴]
星　幸広（ほし・ゆきひろ）
1944年福島県南会津町生まれ。1963年千葉県警察官となる。警察大学卒業後、千葉県鉄道警察隊長、警察庁警備局（総理大臣警護責任者）、千葉県少年課長、千葉県大原警察署長、千葉南警察署長、地域部参事官等を歴任し、2002年退官。現在、千葉大学大学院教育学研究科講師。千葉市スクールガードアドバイザー、千葉市防犯アドバイザー、東京都墨田区「学校法律問題解決支援協議会」専門委員。「子育て・しつけ」や「学校危機管理」に関する講演を全国的に展開している。
著書に「実践 学校危機管理——現場対応マニュアル」（2006、大修館書店）がある。

子育《こそだ》ての鉄則《てっそく》——道《みち》を誤《あやま》らせないために

NDC374/vi, 137p/19cm

初版第1刷——2009年8月25日

著者——星《ほし》　幸広《ゆきひろ》
発行者——鈴木一行
発行所——株式会社大修館書店
〒101-8466　東京都千代田区神田錦町3-24
電話03-3295-6231（販売部）03-3294-2354（編集部）
振替00190-7-40504
[出版情報] http://www.taishukan.co.jp

装丁・レイアウト—鳥居　満
イラスト——古賀重範
印刷所——壮光舎印刷
製本所——三水舎

ISBN978-4-469-26679-5　Printed in Japan